O ESTADO LATINO-AMERICANO: TEORIA E HISTÓRIA

LEONARDO GRANATO

O ESTADO LATINO-AMERICANO: TEORIA E HISTÓRIA

1ª edição

Expressão Popular

São Paulo – 2021

Copyright © 2021 by Editora Expressão Popular

Produção editorial: Miguel Yoshida
Preparação de texto: Cecília Luedemann
Revisão: Lia Urbini
Capa: Felipe Canova
Projeto gráfico e diagramação: ZapDesign
Impressão e acabamento: Paym

Dados Internacionais de Catalogação-na-Publicação (CIP)

G748e

Granato, Leonardo
O Estado latino-americano: teoria e história. / Leonardo
Granato. --1.ed.-- São Paulo : Expressão Popular, 2021.
136 p.

ISBN 978-65-5891-049-7

1. Estado latino-americano – Teoria. 2. Estado latino-
americano – História. I. Título.

CDU 32

Catalogação na Publicação: Eliane M. S. Jovanovich - CRB 9/1250

Todos os direitos reservados.
Nenhuma parte deste livro pode ser utilizada
ou reproduzida sem a autorização da editora.

1ª edição: dezembro de 2021

EDITORA EXPRESSÃO POPULAR
Rua Abolição, 197 – Bela Vista
CEP 01319-010 – São Paulo – SP
Tel: (11) 3112-0941 / 3105-9500
livraria@expressaopopular.com.br
www.expressaopopular.com.br
 ed.expressaopopular
 editoraexpressaopopular

SUMÁRIO

PREFÁCIO 7
Lucio Oliver

APRESENTAÇÃO 17

O ESTADO MODERNO: PERCURSO TEÓRICO 21
Concepções sobre o Estado moderno
na fase da sua construção 22
A crítica marxista 27
A perspectiva weberiana 37
A contribuição de Gramsci 39
As contribuições de Althusser e Poulantzas 44
À guisa de conclusão 53

O ESTADO LATINO-AMERICANO:
DEBATE TEÓRICO 55

O Estado em obras do pensamento
latino-americano do século XX 58
Uma renovada reflexão sobre o Estado e
a questão de suas condições constitutivas 65
À guisa de conclusão 82

O ESTADO LATINO-AMERICANO:
PERPASSAR HISTÓRICO 85
O legado colonial 86
O Estado oligárquico 92
O Estado desenvolvimentista 99
O Estado desenvolvimentista e as ditaduras na região ... 106
Dos anos 1990 aos dias atuais: o Estado neoliberal 110
À guisa de conclusão 117

CONSIDERAÇÕES FINAIS 119

REFERÊNCIAS 121

SOBRE O AUTOR 135

PREFÁCIO

Lucio Oliver[1]

O livro para o qual apresento este prefácio é um estudo científico crítico rigoroso do poder e da política em nosso tempo e região. Como é lógico, parte-se da discussão das contribuições das teorias histórico-críticas sobre o Estado e a sociedade, com o objetivo explícito de fornecer argumentos para uma compreensão complexa do Estado e da política, bem como questionar as perspectivas do liberalismo e do funcionalismo estrutural, sobre o poder político moderno, que teve e continua a ter muita influência na América Latina.

O Estado, todos sabem, é definido por estruturas de poder, por formas socioburocráticas e constituições racionais e legais e por disputas entre partidos, forças políticas e organizações diversas; mas, como sugere o estudo do livro aqui apresentado, é um fenômeno cuja essência não são as próprias instituições, nem as ideologias, mas sim tem suas raízes e se articula com as relações de dominação e poder entre diversos agrupamentos sociais que se fundamentam nas formas produtivas e nas relações sócio-político-culturais, conformando classes, setores e grupos sociais em contradição e luta no meio da história. E justamente esse aspecto do fenômeno é normalmente ignorado pelas perspectivas institucionalistas que isolam a

---

[1] Professor Titular da Universidade Nacional Autônoma do México (Unam).

sociedade política (espaço da tomada de decisão em termos do Estado) da sociedade civil, ignoram as mediações entre essas diferentes esferas e, o que é pior, escondem um fato definidor: o poder é um fenômeno orgânico da sociedade e, nesse sentido, não pode ser desagregado como tal, exceto para analisar seus componentes e partes.

O estudo do fenômeno do poder estatal é a história da teoria política moderna, nascida em torno de 500 anos atrás para acompanhar processos históricos de uma época que renovou a prática e o pensamento há pouco mais de dois séculos, com a Revolução Francesa, a independência dos Estados Unidos e a independência das sociedades latino-americanas, muito antes de os Estados unitários serem formados na Alemanha e na Itália. Quando os direitos do homem foram "universalizados", constituiu-se também o Estado moderno, fiador da propriedade econômica, dos direitos individuais de liberdade, vontade e participação, atuante na formação da comunidade política.

Na América Latina, os processos de formação do Estado foram muito diferenciados, pois cada Estado tem aspectos gerais comuns relacionados justamente às condições da época e à expansão mundial do capitalismo, e elementos particulares que resultam da vontade política histórica das sociedades, dos grupos e indivíduos de cada país. Essa vontade diversa se expressa como luta de forças históricas e como história econômica, social, política e cultural dos diferentes territórios e sociedades. Por isso é um desafio para a teoria política compreender a união do universal com o regional, o geral e o específico, o global e o nacional: ela investiga como se dá a inclusão, no campo dos conceitos, daquelas generalidades universais e das especificidades nacionais, da expansão global das relações de capital ao lado da história e da luta de forças políticas históricas particulares de cada realidade nacional ou regional.

O percurso analítico do livro está localizado neste problema. Busca esclarecer como os autores clássicos e contemporâneos europeus e latino-americanos podem contribuir para essa construção crítica do poder do Estado, com abordagens, conceitos e sistematizações teóricas diferentes e sucessivas das principais tendências e conjunturas. Por esse motivo, vários dos autores estudados no texto insistem tanto em sua teorização sobre o Estado como no que diz respeito à sua articulação com a sociedade, compartilhando a compreensão de que a teoria está "aberta" a revisões e construções permanentes. Sempre e saudavelmente em crise.

No entanto, o fenômeno do Estado não é acidental, nem existe unicamente a partir de situações. Expressa, sim, relações de luta e compromissos temporários e pactos de conciliação entre forças que disputam a supremacia na economia, na sociedade, na política e na cultura, mas também forma uma construção orgânica de época: por exemplo, no caso das relações socioeconômicas tudo muda quando o movimento orgânico do capitalismo constitui uma ordem econômica de reprodução semiautomática, quando a centralização e concentração do capital dá origem aos monopólios e ao poder mundial do capital. E isso também acontece quando as instituições deixam de estar sujeitas às flutuações conjunturais das lutas das forças sociais e passam a constituir uma autonomia relativa e, mais ainda, Estados parlamentares com hegemonia duradoura. Essas ordens ideológicas econômicas e políticas têm sido consideradas gaiolas de ferro que garantem sua reprodução.

Mas na realidade as gaiolas de ferro têm pequenos buracos, orifícios e aberturas que mostram periodicamente pontos de fuga: são as crises econômicas, políticas, civilizacionais, e ultimamente as crises energética, ambiental e climática que, articuladas com o caráter anterior, deram origem à crise estrutural do capital. É esta crise que questiona continuamente a imutabilidade dos Estados e suas relações de forças: abre caminho para a ação social e política coletiva, para as inovações do Estado e para os novos pactos sociais que fazem parte dos novos ciclos do Estado.

É que, como disse o pesquisador Bolívar Echeverría, o político está em perpétuo movimento e seus fios partem da própria vida social e individual em contínua renovação e expressão. O político é a configuração do poder da própria sociedade, que se origina nas diferentes expressões da vida. Nasce em todos os lugares e em todos os momentos. É a *potentia* como vontade de vida indeterminada. Mas essa vontade tem historicidade e condições de situação, de relações de poder e de projeto social. Por isso torna-se *potestas,* uma autoridade social e politicamente estabelecida que determina a política. E a política também tem historicidade por passar a ser o Estado, pelo poder que se estabelece a cada momento. Aliás, a política moderna é determinada e condicionada pelo Estado, suas instituições, constituições, mediações e práticas. Mas a política como tal é uma forma, uma maneira pela qual a vontade indeterminada de poder da sociedade e dos indivíduos se expressa ajustada às mediações estatais. E as relações sociais que criam o poder político e as relações de dominação são transformadas pela mediação da forma, que expressa e oculta esse poder social. E há fetichismo tanto supondo que o poder provém de si mesmo e de um ato constitutivo anterior quanto da crítica do poder, que se afirma quando se esclarecem as relações sociais que lhe dão vida, no caso, as relações do capital, de dominação e hierarquia, de inclusão e exclusão das massas e dos grupos sociais e identitário-culturais. Por isso é tão importante estudar a teoria do Estado político em seu traço capitalista propriamente moderno, para conhecer tanto as origens histórico-sociais como as relações sociais do poder político, bem como as mediações e instituições como figura de legitimação e de historicidade específica desse poder.

O Estado moderno é, neste sentido, a forma política das relações contraditórias e conflituosas de capital, domínio e hierarquia. E como forma, ele os substitui e os esconde, mesmo quando depende deles. É a forma como "aparece" na história, na política e perante os seres humanos, a relação social que dá vida ao poder político. Mas a sociedade mercantil moderna, capitalista patriarcal e hierárquica está repleta de formas aparentes que abarcam não só o Estado, mas também a sociedade civil, o que gera a impressão de que são esferas separadas e opostas, sendo que são as contradições das relações sociais que os configura desta forma.

O Estado e suas instituições estão sempre em disputa e em reconstrução. Eles não são unilaterais ou eternos, mas organismos políticos em movimento. A teoria social e política busca, em seus conceitos, parâmetros da realidade política em movimento. Por isso é importante aquela que se caracteriza por ser uma crítica histórica, pois ajuda a compreender as relações sociais que os Estados afirmam, defendem, garantem, reproduzem e projetam para frente. E essas relações sociais são sempre historicamente políticas, mesmo quando se constituem pela relação entre o movimento orgânico das formas produtivas sociais e as construções políticas da vontade e da criatividade dos seres humanos.

Este livro faz uma revisão teórica e histórica de autores clássicos europeus e latino-americanos. E isso nos apresenta muitas perguntas e preocupações. Não há culto aos autores, mas sim a tentativa de revisá-los, de especificar suas contribuições e questioná-los em suas inadequações. Por exemplo: é correto afirmar que Marx tinha diferentes concepções de Estado, uma que o conceitua como a expressão da totalidade contraditória das relações sociais e outra que o aprecia apenas como um aparato de repressão e imposição de interesses e políticas da classe dominante? O autor apresenta seus argumentos, cabe aos leitores aprofundar o debate a partir das possíveis razões históricas e políticas para tal. O que fica claro é que foi Marx quem contribuiu para a teoria do Estado ao afirmar que o poder político era uma relação de dominação de classe, independentemente de tal dominação ser oculta ou aberta, mediada pelo conhecimento dos dominantes ou pelas conquistas dos dominados. Foi também Marx quem, com seu estudo *O capital* e seus textos políticos, con-

PREFÁCIO

tribuiu com um elemento que faltava nas caracterizações anteriores de poder e propriedade: as implicações que o mundo do valor, a reprodução do capital, a geração de mais-valia e a apropriação pelos capitalistas têm para as relações sociais, políticas e ideológicas das sociedades modernas dominadas pelo poder econômico do capital.

Marx também contribui com uma perspectiva de totalidade das relações sociais, segundo a qual o poder político não pode ser entendido como um fenômeno isolado do todo, mas precisamente como um componente de uma relação orgânica. Foi também Marx quem fez o primeiro estudo da diferença entre tipo e forma de Estado a partir de seu acompanhamento da experiência do bonapartismo estatal, quando o Estado mostra relativa autonomia e é administrado por uma classe política que não possui os meios de produção, mas que era burocrática militar. Mas a própria situação não permitia a universalização da experiência porque tudo estava em movimento, em revolução permanente. O capitalismo mundial não era apenas desigual e combinado, mas também diferenciado pela especificidade nacional na política. Foi mais tarde Engels quem advertiu que, sob o capitalismo dos grandes monopólios articulados ao Estado unitário alemão e a outros Estados europeus, o Estado adquiriu efetivamente uma autonomia relativa estável e hegemônica, com mediações que incluíram as massas na vida parlamentar. É por isso que ele propôs uma concepção de revolução na qual a participação das massas fosse consciente e organizada e na qual a disputa ideológica fosse essencial como disputa política.

Lenin também é considerado no estudo porque, além de fornecer algumas reflexões teóricas sobre a crise do Estado no final da Primeira Guerra Mundial, ele contribuiu para uma proposta prática de transformação e renovação do Estado com a experiência dos sovietes. A democracia e a ditadura combinadas na Rússia deram origem a uma revolução radical que sucumbiu ao poder da burocracia estatal. As razões históricas para isso também podem ajudar a explicar os limites teóricos de uma concepção do Estado como uma relação diferenciada de dominação das diferentes classes, para mostrar algumas faces ocultas da prevalência do poder e da burocracia mesmo em sociedades que transformaram algumas das suas relações sociais, sem muito sucesso.

Gramsci transformou a noção de Estado incluindo um aprofundamento da natureza orgânica do poder, com a noção de Estado integral, referindo-se ao fato de que todo Estado é uma soma da sociedade política e da sociedade civil, mediada pela separação e distância entre lideranças e os dirigidos, situação esta a ser combatida. Observou também que, no Ocidente – e a América Latina é o extremo Ocidente –, elementos intelectuais e morais, além dos ideológicos, atuam nos fios dessa soma, criando a possibilidade de uma hegemonia das classes dominantes e uma situação de subordinação dos dirigidos. O livro sublinha de forma adequada os elementos mencionados, permite ao leitor ampliar seu pensamento e refletir sobre os aspectos mutantes das relações entre Estado e sociedade civil, hegemonia e subalternidade, bem como a conclusão de que não haverá sucesso na disputa popular se não se assume a luta pela hegemonia civil e a criação de uma nova vontade popular nacional coletiva encarregada de uma reforma intelectual e moral.

São quatro os autores nos quais Granato aprofunda em suas contribuições para a expansão da teoria histórica crítica do Estado, tanto na Europa quanto na América Latina: Nicos Poulantzas, Tilman Evers, René Zavaleta e Agustín Cueva. Não queremos nos adiantar em suas contribuições, porque precisamente esse é o ponto forte do livro nos capítulos dois e três. Recomendamos seu estudo específico porque há um tratamento muito adequado e inteligente por parte do autor quanto às contribuições desses quatro pensadores, figuras que renovaram a perspectiva sobre a configuração histórica, estrutural, cultural e política do Estado em nossa região. Destacam-se as noções de Zavaleta, por exemplo, sobre a importância de ava-

PREFÁCIO

liar as distintas equações Estado-sociedade civil nos diversos países latino-americanos, de descobrir nas crises um método de conhecimento e um momento especial de aprendizagem das massas em matéria de poder, no que diz respeito aos momentos constitutivos, aos ciclos do Estado e sua relação com as lutas das forças sociais, numa dialética de Estados aparentes e Estados de compromisso, de realidades dependentes e formas primordiais, sociedades variegadas e realidades internas heterogêneas. São contribuições que enriquecem a teoria do Estado a partir do concreto, nessa relação criativa de também teorizar o que o concreto específico contribui para aprimorar as abstrações teóricas gerais.

O livro afirma que a teoria da dependência, embora tenha feito contribuições teóricas substanciais sobre as características e condicionantes da inserção dependente e periférica latino-americana em relação ao capitalismo mundial, teve uma contribuição pobre em termos da teoria do Estado capitalista moderno. Talvez seja necessária uma recuperação maior no Brasil da contribuição de Ruy Mauro Marini, que se propôs a compreender as transformações do Estado na crise do capitalismo desenvolvimentista nacional. O parecer sobre a falta de teorização sobre o Estado talvez seja adequado no que diz respeito a outros autores dessa corrente. Porém, soa muito sugestiva a apreciação de Marini de que o autoritarismo burocrático da ditadura civil-militar no Brasil respondia à transformação de um Estado que beneficiava as diferentes frações do capital em um cujo objetivo e função era abrir caminho ao poder prioritário dos grandes monopólios transnacionais e mantê-lo junto a uma nova forma de relação de superexploração dos trabalhadores com vistas a retomar posteriormente uma forma política democrática governável.

Granato recupera no livro uma consideração muito importante de Poulantzas no sentido de que os clássicos do marxismo, plenamente reconhecidos por ele, não entraram realmente na região política para elaborá-la teoricamente. Portanto, eles construíram

> *quer um corpo ordenado de conceitos no 'estado prático',* a saber, presentes no discurso e destinados, por sua função, a dirigir diretamente a prática política numa conjuntura concreta, mas não teoricamente elaborados; *quer elementos de conhecimento teórico da prática política e da superestrutura do Estado, ou seja, conceitos elaborados, mas não inseridos num discurso teórico sistemático.*

Como retomar conceitos no estado prático para elaborá-los teoricamente, para que sejam elementos de um conhecimento teórico, conceitos incluídos em um discurso teórico sistemático? Essa observação de Granato nos apresenta o problema e a necessidade de superar a colonialidade do conhecimento com que se moldou nosso pensamento nos países da América Latina. Depois das independências, não só permaneceram presentes a dependência, a subordinação econômica e uma colonialidade do poder, com outras formas, mas também uma colonialidade do conhecimento e da cultura, na qual a América Latina não conseguiu ter total autonomia para gerar seus próprios pensamentos de cunho universal sobre o poder político. Embora existam elementos de repetição universal nas relações sociais produtivas, o mesmo não acontece com as relações e instituições políticas, que, no entanto, continuamos a reproduzir sob uma colonialidade do poder e, o que é mais grave, do saber, em que não conseguimos fazer propostas teóricas de nosso próprio poder alternativo, seja ele comunitário, plurinacional, horizontal, democrático, popular participativo etc. A avaliação é adequada no sentido de que precisamos colocar o problema de trabalhar a profundidade para conseguir um discurso teórico sistemático *da* e *para* a América Latina, mesmo quando tem que se colocar em um sentido universal.

Gostaria de encerrar assinalando que toda leitura da teoria é atravessada pelas circunstâncias da vida. E hoje assistimos a uma crise orgânica do Estado em que as propostas políticas sobre o seu caráter e funções não estão satisfazendo as grandes massas de nossa região. Há uma espécie de perplexidade da sociedade civil diante dos projetos políticos que conduzem aos Estados autoritários de exceção que reforçam a distância entre governantes e governados, aprofundam a dependência e mantêm a heterogeneidade estrutural, como acontece de maneira parecida com os que, da perspectiva das esquerdas, propõem opções democráticas abertas, sem conseguir superar as condições do capitalismo global e construir um poder popular embutido na luta por posições. O fundamental, como sempre, é observar tanto os projetos e suas deficiências quanto a situação das maiorias da sociedade civil cuja cidadania e politização são precárias e ainda estão longe de ser um suporte crítico de uma alternativa de hegemonia popular de Estados abertos para a transformação.

México, fevereiro de 2021.

APRESENTAÇÃO

Ainda que muito presente na linguagem acadêmica, o significado do termo "Estado" tem se mostrado, historicamente, difícil de decifrar. Mesmo que objeto de múltiplas interpretações e compreensões, o Estado capitalista continua a ser tratado hoje pelas ciências sociais como algo dado que, no geral, remete às ideias de uma totalidade nacional-territorial (o país ou a formação social como um todo) ou de um conjunto de instituições com funções de caráter universal, que perseguem ou representam o bem comum. Trata-se, evidentemente, de abordagens puramente formais, pois essas pouco dizem sobre a natureza sócio-histórica desse Estado, sobre a sua função e sobre as dinâmicas e interesses, nos planos interno e externo, que o perpassam.

Já com relação ao Estado na América Latina, apesar da diversidade das experiências históricas dos vários países abrangidos, segue-se a mesma tendência. Tal modo de abordar o Estado pouco diz sobre as especificidades do fenômeno estatal latino-americano derivado, essencialmente, da transplantação do modelo europeu de organização política-administrativa no conjunto das sociedades dependentes da região. Assim, em decorrência do nosso interesse em uma indagação sobre a questão do Estado capitalista moderno no âmbito latino-americano, estamos aqui apresentando os resultados parciais de uma pesquisa que busca recuperar alguns dos olhares críticos do pensamento social da nossa região[1] – daquela reflexão crioula ou autóctone, que a América Latina, diríamos, leva a cabo a respeito de si mesma – em torno da mencionada questão do Estado. Dessa forma, entendemos, por meio da nossa pesquisa, prestar contribuições não apenas para discutir as especificidades do Estado na região, mas, de forma mais ampla, para a reconstrução de um olhar latino-americano sobre como analisar tal Estado para além das categorias das formulações teóricas tradicionais na matéria.

Os capítulos que integram o presente livro representam eixos de investigação interdependentes, o teórico e o histórico, que se retroalimentam e complementam, mas que comportam, contudo, objetivos específicos. Entretanto, o compromisso de oferecer ao leitor uma sistematização de elementos teórico-conceituais sobre o Estado latino-americano, que contribua a compreender a nossa realidade, atravessa os referidos eixos de pesquisa representados em cada capítulo.

No primeiro capítulo, buscamos oferecer ao leitor uma discussão introdutória sobre o debate teórico-conceitual relativo ao Estado capitalista moderno por parte de autores clássicos da teoria política, com foco na experiência europeia. O fio condutor remete ao reducionismo clássico presente no referido debate, bem como à riqueza das discussões de autores como Louis Althusser e Nicos Poulantzas da segunda metade do século XX. Esse texto comparece como ponto de partida das discussões desenvolvidas nos dois capítulos seguintes a respeito do Estado capitalista na região latino-americana, buscando problematizar a noção liberal de Estado neutro e impessoal, que o concebe como arcabouço institucional com funções de caráter universal orientadas ao bem comum, assim

---

[1] O projeto intitula-se "O Estado no pensamento social latino-americano: perspectivas clássicas e contemporâneas" e conta com o apoio do CNPq – Processo n. 407585/2018-4.

como chamar a atenção para um certo reducionismo presente nas concepções do marxismo clássico sobre o assunto.

No segundo capítulo, partindo da constatação de que, historicamente, a questão sobre o Estado nas sociedades da América Latina tem tido uma presença tangencial nos debates do pensamento social crítico latino-americano, busca-se recuperar, a modo de balanço bibliográfico, algumas das mais significativas contribuições em torno do tema das condições constitutivas do fenômeno estatal na região. Entendemos, com isso, estar prestando contribuições para o mapeamento do debate crítico sobre o Estado na região, e de toda uma literatura nem sempre conhecida no Brasil, bem como para desvendar, em termos conceituais, o caráter sócio-histórico do referido fenômeno, não restrito apenas à dimensão de organização burocrática, mas referente, também, às alianças ou concertações entre as classes, frações e grupos sociais que integram as formações sociais latino-americanas e por cujos interesses e disputas é perpassada a máquina estatal, a despeito do seu caráter de classe.

No terceiro capítulo, por último, considerando que o fenômeno do Estado nas sociedades latino-americanas deve ser apreendido a partir dos movimentos da sua forma concreta, buscamos construir, em diálogo com valiosas contribuições da intelectualidade crítica latino-americana, uma leitura possível sobre as diferentes formas assumidas pelo Estado na América Latina ao longo da sua história, nas diferentes etapas do desenvolvimento capitalista na região. Esperamos que a periodização aqui proposta contribua para facilitar a percepção do Estado capitalista moderno latino-americano como uma construção social, correspondente a determinadas relações sociais e históricas, e cujas características e funções respondem, em grande medida, ao caráter dependente que o desenvolvimento capitalista assume no continente.

Antes de encerrar, agradecemos a Andrés Tzeiman, Danilo Martuscelli, Guilherme Uberti, Juan Camilo Arias, Lauro Duvoisin, Leonardo Medeiros, Tatiana Berringer e Sara Freitas pelas considerações e sugestões tecidas, que contribuíram a ajustar ou ampliar a versão final dos capítulos que integram esta obra. Desde já, todo e qualquer lapso é da nossa inteira responsabilidade. Por fim, também gostaríamos de registrar aqui nosso agradecimento ao professor Lucio Oliver pelo prefácio, de inestimável valor, ao estudo que aqui se apresenta.

O ESTADO MODERNO:
PERCURSO TEÓRICO

Com o presente capítulo, assim como o seu título o indica, buscamos introduzir ao leitor a discussão teórico-conceitual sobre o Estado capitalista moderno por parte de autores clássicos da teoria política.[1] Sem pretender efetuar um balanço bibliográfico exaustivo, oferecemos ao leitor uma sistematização conceitual que sirva como ponto de partida à leitura dos capítulos centrais da presente obra sobre o Estado na América Latina. No intuito de cumprir com o referido propósito, buscamos, aqui, como dito na apresentação, problematizar a noção liberal de Estado neutro, assim como também discutir certo reducionismo presente nas elaborações do marxismo clássico.

Acompanhando a história da construção do conceito de Estado por parte da teoria política, formulada à luz da experiência europeia, podemos afirmar que o referido conceito conheceu algumas formulações emblemáticas clássicas, tais como a do jusnaturalismo, a hegeliana, a da corrente marxista clássica e a weberiana. Nas primeiras seções deste capítulo, as apresentamos, para, em seguida, focarmos em algumas das mais importantes ressignificações às quais tem sido submetida a categoria "Estado",

---

[1] Os termos "Estado moderno", "Estado capitalista" e "Estado capitalista moderno" são aqui utilizados de forma intercambiável.

O Estado Latino-Americano

na vertente marxista, por parte de autores como Louis Althusser e Nicos Poulantzas.

Concepções sobre o Estado moderno
na fase da sua construção

O termo "Estado" refere-se, modernamente, ao complexo territorial e demográfico (uma população) sobre o qual se exerce uma dominação (o poder político), bem como ao conjunto das leis e órgãos administrativos que regem esse complexo.[2] Em linhas gerais, é possível afirmar que o Estado moderno nasceu na segunda metade do século XV na França, Inglaterra e Espanha, e posteriormente alastrou-se por outros países europeus, em meio ao declínio do sistema feudal e à correspondente ascensão do modo de produção capitalista, em expansão desde o século XIII, e ao desenvolvimento da monarquia absoluta e despótica.

Desde seu nascimento, o Estado moderno capitalista foi definido essencialmente em termos de poder. Assim, sua primeira característica era a plena soberania, que garantia que sua autori-

---

[2] Essa noção é passível de ser encontrada tanto na análise teórica geral (como algo dado) quanto na prática política. Por exemplo, de acordo com o estabelecido pela Convenção de Montevidéu sobre os Direitos e Deveres dos Estados, de 1933, um Estado é composto por um território, uma população e um sistema de governo. Assim, o conceito de Estado predominante abrange, em termos conceituais, o que visualmente é percebido, seja o país como um todo (e tudo o que está dentre dele, ou seja, o território, o governo e a sociedade-nação), seja apenas as instituições governamentais. O problema desta definição, ponto de partida desta obra, é bem explicado por Mascaro (2013, p. 10) ao afirmar: "Boa parte das ciências sociais trata o objeto da política e do Estado identificando-o ao juspositivismo ou com base em ferramentas teóricas analíticas e conservadoras, que restringem os fenômenos apreendidos às suas manifestações imediatamente quantificáveis, mensuráveis ou reiteráveis". Tais manifestações, segundo o referido autor, "não dão conta de avançar no entendimento causal, estrutural, relacional e histórico dos fenômenos da política e do Estado, nem de seus problemas, contradições e crises" (Mascaro, 2013, p. 10).

dade não dependesse de nenhuma outra, interna ou externa. Em termos históricos, os processos de unificação política e centralização administrativa – inicialmente, sob regime monárquico e, posteriormente, conforme foi mais conveniente para a burguesia, sob regime republicano –, a tributação e a guerra, citando apenas alguns exemplos, foram expressões dessa nova autoridade. A sua segunda característica era a distinção entre Estado e sociedade civil, separação essa que se evidenciou mais claramente a partir do século XVII, na Inglaterra, no contexto da revolução de tipo liberal, da consequente transformação do "súdito" num "cidadão-indivíduo-proprietário" e da desvinculação do público e do privado, do interesse coletivo e do interesse particular. Segundo Gruppi (1987, p. 9), com a ascensão da burguesia, "o Estado se torna uma organização ou entidade distinta da sociedade civil, embora seja expressão desta", que assume para si a representação do chamado "interesse coletivo", em contraposição à vida civil, sob regência do interesse particular.

A função desse Estado capitalista, no contexto da nova filosofia racional moderna, se limitava a uma função derivada de garantidor dos direitos e liberdades individuais, em oposição aos direitos dos estamentos e dos privilégios estamentais. O Estado era chamado, assim, a agir como uma espécie de elemento mediador civilizador, com a finalidade de coibir qualquer violação dessas prerrogativas da sociedade criada pela burguesia. Essa concepção de Estado, separado e acima da sociedade, e assumindo funções "públicas", de interesse geral, tinha no cidadão-indivíduo e em seus interesses o seu centro e, no aspecto econômico, contra as prescrições da ordem feudal e em harmonia com o regime de produção capitalista, era proclamada a liberdade da atividade econômica como a mais natural e conveniente para o homem individual.

Tal concepção de Estado tem seu lastro original nas teorias contratualistas do direito natural (ou jusnaturalismo), que foram desenvolvidas entre o início do século XVII e o fim do século XVIII.[3] A ideia liberal e individualista do direito natural moderno encontrada particularmente na obra dos contratualistas Hobbes, Locke e Rousseau se refere à necessidade de o poder estatal respeitar os direitos e liberdades inatos do homem, baseando-se no consenso daqueles sobre quem tal poder é exercido, expresso numa sorte de pacto ou contrato social que visa a garantia do bom convívio social (daí o termo "contratualismo"). Surgem, assim, os fundamentos da filosofia moderna do Estado baseada num novo conceito de homem.[4]

A perspectiva de Estado do filósofo inglês Thomas Hobbes (1588-1679), cristalizada na célebre obra *Leviatã* (1651), parte da premissa de que quando os homens primitivos vivem no estado natural (como animais), eles se jogam uns contra os outros pelo desejo de poder, de riquezas, de propriedades. Perante essa consciência de mútua destruição, esses homens (que, por sua natureza, não seriam propensos a limitar sua liberdade natural e plena) percebem a necessidade de estabelecer entre eles um acordo para constituírem um "Estado", de poder absoluto e irrevogável, como forma de garantir a própria conservação em meio a uma situação de guerra permanente.[5] Contextualizando o pensamento de Hobbes, Gruppi (1987, p. 13) afirma que o autor inglês descreveu "o surgimento da burguesia, a formação do mercado, a luta e a crueldade que o caracterizam" – não devemos esquecer que a Inglaterra se transformou num império mercantil a partir da segunda metade do século XVI, superando as estruturas e práticas feudais.

---

[3] Contudo, cabe esclarecer que, como adverte Gruppi (1987), desde o começo de 1500 foi o filósofo italiano Niccolò Machiavelli (1469-1527) o primeiro a refletir sobre o Estado e sobre como se deveria construir na Itália esse "domínio que exerce poder sobre os homens", no seu sentido moderno e unitário, graças à iniciativa do Príncipe. Veja-se Maquiavel (2010).

[4] Veja-se, para mais informações, Bobbio e Bovero (1985).

[5] Veja-se Hobbes (2012).

Por sua parte, o teórico inglês John Locke (1632-1704), autor de *Segundo tratado sobre o governo civil* (1690, publicado anonimamente em 1689), observou que o homem livre sente a necessidade de colocar limites à sua liberdade individual a fim de garantir a sua propriedade, e é somente por meio da constituição de um "Estado" que será garantido o exercício da propriedade.[6] Já estamos aqui em meio a uma sociedade em que as relações entre os homens se dão entre "indivíduos" que estabelecem entre si contratos de compra e venda, de transferência de propriedade etc.

O Estado surge aqui, também, de um contrato, mas não nos termos de Estado absoluto de Hobbes. Para Locke, excluindo-se a monarquia absoluta como qualquer forma aceitável de governo, o Estado deveria se limitar a garantir determinadas liberdades individuais, a começar pelo exercício da propriedade. A relação entre propriedade e liberdade é extremamente evidente, pois o poder supremo não pode tirar do homem uma parte de suas propriedades sem seu consentimento – afinal, a finalidade principal do pacto estatal é a conservação individual da propriedade. A liberdade está em função da propriedade e o Estado não deve interferir nessa esfera "privada", e se o Estado não respeitar o "contrato", esse deve ser desfeito.

Já o teórico suíço Jean-Jacques Rousseau (1712-1778), em contraste com as teorias precedentes, numa perspectiva democrático--burguesa, via o Estado da sua época como uma criação dos homens ricos para assegurar sua posição como classe dominante: um Estado apresentado como benéfico para todos, mas destinado a preservar a desigualdade. Ainda que crítico da propriedade privada, o autor da clássica obra *Do contrato social* (1762) acreditava, ao mesmo tempo, que os homens queriam ser livres e iguais, o que o levou a entender

---

[6] Veja-se Locke (2014).

que o contrato social seria condição essencial para a preservação das liberdades e da igualdade entre os homens.[7]

À semelhança dos seus antecessores, Rousseau enfatizará que a regência do referido contrato corresponde ao povo, soberano, reunido em assembleia, ou seja, ao poder representativo do conjunto social e cuja expressão é a lei. Segundo Gruppi (1987, p. 20),

> Rousseau formulava ideologicamente a experiência da democracia de Genebra (a sua cidade), que se havia constituído depois da reforma calvinista. Era a democracia, a assembleia, possível em uma pequena cidade, mas que, na prática, encontraria enorme dificuldade num Estado moderno que tentasse se organizar daquela forma.

Por fim, diferentemente das contribuições precedentes, o filósofo alemão Georg Wilhelm Friedrich Hegel (1770-1831), autor de *Princípios da filosofia do direito* (1821), coloca o Estado, com racionalidade própria, como fundamento da sociedade (esfera privada), e não vice-versa. Para Hegel, o que caracterizava os Estados burgueses recém-construídos (burocracia civil e militar) era a defesa racional do interesse geral com relação aos interesses particularistas e egoístas presentes na sociedade civil. Segundo o autor, o Estado seria uma sorte de esfera ideal que estaria acima dos interesses individuais e das classes, responsável pela representação e garantia dos interesses da "coletividade" como um todo. Para Hegel não há sociedade sem um Estado que a construa e que, encarnando o interesse geral, permita superar as contradições entre os indivíduos. É o Estado, como racionalidade coletiva, que funda o povo, e não ao contrário – como no caso dos contratualistas.[8] Contudo, como bem lembra Juan Arias (2018), o Estado, para o filósofo alemão, não seria apenas uma criação humana, mas marca inequívoca da presença de Deus na terra, lócus da reconciliação

---

[7] Veja-se Rousseau (2007).
[8] Veja-se Hegel (1997).

cristã entre os indivíduos que compõem a sociedade civil, ficando assim retratada a influência do pensamento religioso em Hegel, base da divinização do papel histórico do Estado.

Resenhamos até aqui algumas das principais concepções sobre o Estado que tiveram lugar na fase de construção do Estado moderno e que o apontavam como um conjunto de instituições (corpos burocráticos ou máquina administrativa, leis e regulamentos) destinado para o bem comum da sociedade sob a qual opera, acima de todo e qualquer interesse individual e desprovido de conteúdo de classe. Vejamos, a seguir, a concepção marxista, com a qual surge uma visão crítica do Estado compreendido como representação neutra do interesse comum.

A crítica marxista

Uma visão crítica sobre o Estado moderno surge com a tradição marxista, sob a perspectiva do materialismo histórico desenvolvida, como método científico, nas obras de caráter teórico e histórico dos filósofos alemães Karl Heinrich Marx (1818-1883) e Friedrich Engels (1820-1895), que partiram da análise do desenvolvimento do capitalismo industrial na Europa ocidental. No que diz respeito à questão do Estado capitalista moderno em particular, uma vez que Marx não desenvolveu uma única e sistemática teoria sobre o assunto, suas concepções devem ser deduzidas das suas críticas a Hegel, na sua juventude, à Economia Política e de suas análises de conjunturas históricas específicas, na maturidade.[9]

Ainda que, como afirma Décio Saes (1998b), a concepção hegeliana de Estado tenha sido em grande parte aceita pelo jovem Marx, esse último irá contestar a premissa de que a dominação do

---

[9] Vejam-se Perissinotto e Codato (2010), Mascaro (2013) e Carnoy (1984).

Estado sobre a sociedade civil derive da razão. Para o jovem Marx,[10] os membros da sociedade civil como um todo criaram um grupo social dela separado (materializado na burocracia) por imaginarem que tal grupo (a burocracia e o Estado como um todo) viria a concretizar o interesse comum da sociedade; todavia, isso não passava de uma "ilusão" (Saes, 1998b). Ou seja, eram, para Marx, as condições materiais de existência dos indivíduos na sociedade civil que explicavam o surgimento do Estado. De toda forma, o fato é que para o jovem Marx o interesse da sociedade não passava de pura forma sem conteúdo: querendo superar suas diferenças materiais e espirituais, os homens caem numa solução ilusória, imaginando uma comunidade aparentemente universal, realimentando de forma continuada a separação/dominação de Estado e sociedade, fonte, essa, da alienação política do homem moderno.

Ao contrário do que pensava Hegel, a burocracia não era para Marx uma "classe universal" ou "coletivo idealizado"; o interesse que ela persegue no Estado é, assim como no caso da sociedade civil, pura forma sem conteúdo, sob a qual se ocultam tão somente seus interesses mesquinhos e egoístas de corporação.[11] Dizendo agir em nome do interesse geral, a burocracia trata apenas de seus interesses, iludindo e oprimindo a sociedade que a criou, de cujo Estado é o braço administrativo. Em palavras do próprio Marx:

> O Estado e a organização da sociedade não são, do ponto de vista político, duas coisas diferentes. O Estado é o ordenamento da sociedade. Quando o Estado admite a existência de problemas sociais, procura-os ou em leis da natureza, que nenhuma força humana pode comandar, ou na vida privada, que é independente dele, ou na ineficiência da administração, que depende dele. [...] O Estado não pode eliminar a contradição entre a função e a boa vontade da administração, de um lado, e os seus meios e possibi-

---

[10] Vejam-se as obras *Contribuição à crítica da Filosofia do Direito de Hegel* (1842, publicada em 1927) (Marx, 2010), assim como *Para a questão judaica* (1843, publicada em 1844) (Marx, 2009).

[11] Veja-se Saes (1998b).

lidades, de outro, sem eliminar a si mesmo, uma vez que repousa sobre essa contradição. Ele repousa sobre a contradição entre vida privada e pública, sobre a contradição entre os interesses gerais e os interesses particulares. Por isso, a administração deve limitar-se a uma atividade formal e negativa, uma vez que exatamente lá onde começa a vida civil e o seu trabalho, cessa o seu poder. Mais ainda, frente às consequências que brotam da natureza a-social dessa vida civil, dessa propriedade privada, desse comércio, dessa indústria, dessa rapina recíproca das diferentes esferas civis, frente a estas consequências, a impotência é a lei natural da administração. Com efeito, esta dilaceração, esta infâmia, esta escravidão da sociedade civil é o fundamento natural onde se apoia o Estado moderno, assim como a sociedade civil da escravidão era o fundamento no qual se apoiava o Estado antigo. [...] Se o Estado moderno quisesse acabar com a impotência da sua administração, teria que acabar com a atual vida privada. Se ele quisesse eliminar a vida privada, deveria eliminar a si mesmo, uma vez que ele só existe como antítese dela. Mas nenhum ser vivo acredita que os defeitos de sua existência tenham a sua raiz no princípio da sua vida, na essência da sua vida, mas, ao contrário, em circunstâncias externas à sua vida. O suicídio é contra a natureza. Por isso, o Estado não pode acreditar na impotência interior da sua administração, isto é, de si mesmo. Ele pode descobrir apenas defeitos formais, casuais, da mesma, e tentar remediá-los. (Marx, 2011a, p. 149)

Tal como retratado na citação, a dominação política e a organização administrativa são dimensões fundamentais desse fenômeno contraditório e ilusório representado pelo Estado capitalista moderno que, longe de representar um interesse comum real, cristalizava uma dinâmica opressiva fundada no antagonismo entre a vida pública e a privada. Em suma, assim como visto nos parágrafos precedentes, nas obras de juventude, Marx abordou a questão do Estado, não na forma de um Estado de classe, como veremos, elaborado em sua maturidade, mas como uma perversão burocrática a serviço da dominação da sociedade civil, em oposição à ideia hegeliana de Estado como comunidade idealizada.

Por sua vez, no prefácio de sua obra *Contribuição para a crítica da Economia Política* (1859), Marx afirmou que o conjunto das

O ESTADO LATINO-AMERICANO

relações de produção (o modo pelo qual as coisas são produzidas, distribuídas e consumidas) constitui a "estrutura econômica" da sociedade, a base real sobre a qual se levanta uma "superestrutura jurídico-política", à qual correspondem formas determinadas de consciência humana.[12] É importante esclarecer que, apesar do viés economicista que tal forma de entender o Estado como uma superestrutura derivada do econômico apresenta, dizer que o Estado é uma superestrutura significa, aqui, desvendar, desmascarar o verdadeiro papel desse Estado como parte essencial das relações econômicas capitalistas de exploração.[13] É para isso que Marx chama a nossa atenção. A esse respeito, resulta esclarecedora a afirmação de Gruppi (1987, p. 27):

> O Estado escravista garante a dominação sobre os escravos, o Estado feudal garante as corporações, e o Estado capitalista garante o predomínio das relações de produção capitalistas, protege-as, liberta-as dos laços de subordinação à renda fundiária absoluta (ou renda parasitária), garante a reprodução ampliada do capital, a acumulação capitalista. Portanto, é um elemento que faz parte integrante das próprias relações de produção capitalistas, mas é determinado por essas.

Por meio do seu controle especial sobre o trabalho no processo de produção capitalista (estrutura econômica), a burguesia (classe dominante) é capaz de estender sua influência ao Estado com base em seu poder econômico global. Foi n'*O capital* (primeiro volume publicado em 1867, e o segundo e o terceiro volumes publicados em

---

[12] Veja-se Marx (2008).

[13] Estas relações, no seu sentido específico, apresentam, segundo Saes, dois aspectos: "o primeiro deles consiste na relação entre o produtor direto – não proprietário dos meios de produção – e o proprietário dos meios de produção – não trabalhador –, que extorque do primeiro o sobretrabalho: é a relação de propriedade em sentido estrito. O segundo aspecto consiste na separação entre o produtor direto e os meios de produção, ou seja, no não controle, pelo produtor direto, das suas condições naturais de trabalho. Este segundo aspecto é específico das relações de produção capitalistas, não sendo encontrado nas relações de produção historicamente anteriores" (Saes, 1998a, p. 23).

1885 e 1894, respectivamente) que Marx discutiu, na fase de cristalização do capitalismo do século XIX (ligada ao aprofundamento dos antagonismos de classe), as relações econômicas que sustentam o Estado capitalista (de classe), fornecendo, assim, os fundamentos de um verdadeiro conhecimento sobre ele, que não representa o bem comum, mas antes é a expressão político-jurídica, sob a forma de Estado nacional, da estrutura social de classe inerente ao modo de produção capitalista.

Por sua vez, baseando-se nas anotações e reflexões de Marx, Engels fez também importantes contribuições para entender a questão da natureza de classe do Estado capitalista, principalmente na sua obra *A origem da família, da propriedade privada e do Estado* (1884), da qual decorre a ideia de que o Estado se torna a consequência de um determinado grau de desenvolvimento econômico ligado à divisão da sociedade em classes, à diferenciação da posição dos homens nas relações de produção (proprietários dos meios de produção e trabalhadores), à exploração de classes.[14] À medida que a centralização se tornava elemento essencial no capitalismo, a própria existência do Estado, impedindo a cisão da sociedade a partir de suas contradições de classe, estava comprometida com os interesses burgueses da classe economicamente dominante. A criação do Estado é para Engels, assim, a "confissão" da existência de classes antagônicas, de antagonismos a partir de interesses econômicos conflitantes, que devem ser freados para evitar a autodestruição.[15]

É assim que surge para Engels o Estado, a instituição de uma força pública colocada "por cima" da sociedade, dizendo representar

---

[14] Cabe esclarecer que, no *Manifesto do Partido Comunista* (1848), Marx e Engels já haviam sustentado a existência de um vínculo entre os interesses das classes proprietárias e a política estatal, sendo o Estado caracterizado como uma 'comissão que administra os negócios comunitários de toda a classe burguesa'. Veja-se Marx e Engels (2010).

[15] Veja-se Engels (1974).

o "interesse geral". Trata-se de um conjunto de instituições (burocrático-administrativas, de justiça, forças repressivas etc.) para "mediar" o conflito, para conservar esse conflito no limite da "ordem" (uma ordem que reproduz o domínio econômico da burguesia). Decorre, da perspectiva do autor, uma noção de Estado como momento de equilíbrio jurídico-formal, embora contraditório, provisório e transitório para amortecer o conflito entre as classes antagônicas e frustrar a revolução da classe trabalhadora.[16] Isso posto, o Estado é só em aparência separado e colocado "acima" da sociedade, como árbitro imparcial. Na prática, esse é o Estado da classe mais poderosa, economicamente dominante, é o Estado dos capitalistas, o "capitalista coletivo ideal".[17] Tal classe o utiliza para se tornar, também, dominante politicamente, adquirindo, assim, no raciocínio do filósofo, mais um instrumento para manter subjugada a classe oprimida e para explorá-la.

Nas suas obras de maturidade, particularmente em seus escritos políticos (*As lutas de classes na França*, 1850 [Marx, 2012a]; *O 18 de Brumário de Luís Bonaparte*, 1851-1852 [Marx, 2012b]; *A guerra civil na França,* 1871 [Marx, 2011b]), Marx chamava a atenção acerca do caráter opressor e de classe do Estado capitalista, na medida em que ele nasceu historicamente de fortes repressões contra a classe operária.[18] Estabelecia-se, assim, uma relação de correspondência entre os interesses burgueses e a forma organizacional e de agir do aparelho do Estado. Como bem lembra Gruppi (1987), após a revolução libe-

---

[16] Na década de 1920, o jurista russo Pasukanis (1989, p. 115) recuperava o raciocínio de Engels ao se perguntar: "por que a dominação de classe não se apresenta tal qual ela é, a saber, a sujeição de uma parte da população à outra? Por que assume a forma de uma dominação estatal oficial ou, o que vem a ser o mesmo, por que o aparelho de coação estatal não se constitui como aparelho privado das classes dominantes, por que ele se destaca destas últimas e assume a forma de um aparelho de poder público impessoal, distante da sociedade?".

[17] Veja-se Engels (1984).

[18] Como no caso da república parlamentar francesa de 1848.

ral que marcou o triunfo do parlamento sobre o poder executivo, e visando a conservar seu poder perante uma representação cada vez mais pluriclassista, a própria burguesia voltou-se contra o sistema de instituições representativas, ao compreender que as suas "armas" forjadas contra o feudalismo (direitos e liberdades individuais, instituições progressistas, democracia) se virariam contra ela, na medida em que, favorecendo à maioria, ameaçavam a sua dominação de classe ao fortalecer o campo de luta da classe operária.

É privilegiada aqui a noção de Estado como aparelho repressivo e garantidor da ordem social burguesa, que são as características tipicamente marxistas do Estado, mas que não depende do controle ou instrumentalização direta por parte da burguesia.[19] Segundo Gruppi (1987, p. 38) "é a própria burguesia que inventou as ditaduras revolucionárias [...] não é um invento da classe operária, e menos ainda do marxismo". A ideia da necessidade de uma ditadura revolucionária adveio, conforme o citado autor, da própria burguesia, na medida que esta fez suas revoluções passando quase sempre por meio de ditaduras: por exemplo, após a Revolução Inglesa do século XVII houve a ditadura de Cromwell, assim como após a Revolução Francesa no final do século XVIII, houve as ditaduras de Robespierre, de Napoleão Bonaparte e de Luís Bonaparte – quando se produziu o maior centralismo burocrático-administrativo e policial". Esses eventos tornaram possível a forma bonapartista que o Estado francês adquiriu. Assim, conclui Marx, não é suficiente apoderar-se do Estado capitalista, pois não se trata de uma forma institucional neutra; é preciso, também, destruir a sua administração para criar um outro tipo de Estado, organizado em comunas, fundado no autogoverno dos produtores, na democracia direta.[20]

---

[19] Vejam-se Marx (2012a, 2012b, 2011b).

[20] A experiência da Comuna de Paris de 1871 dá elementos a esse respeito. A Comuna começou a criar a república proletária socialista. Tratou-se da primeira tentativa de demolição da máquina de Estado burguesa pela revolução pro-

Cabe esclarecer, também, que da conjuntura particular francesa, nas análises de Marx (2012a, 2012b, 2011b), o interesse voltou-se para o caráter autônomo que, no período em questão, em condições excepcionais de crise política, o Estado francês teria adquirido, possibilitando-lhe "aparecer" como unificador da sociedade acima das classes e grupos sociais, sem sujeição a qualquer controle das classes sociais, e da burguesia em particular, ainda que sempre dentro dos limites da manutenção da ordem social. Surge, assim, a questão da chamada "autonomia relativa do Estado", que constitui uma problemática clássica da teoria política, que remete à particular e relativa separação entre o político e o econômico, instâncias que, na totalidade social capitalista, se apresentam com dinâmicas e processos próprios.[21]

Várias das contribuições de Marx e Engels apresentadas foram recuperadas pelo revolucionário russo Vladimir Ilitch Ulianov Lenin (1870-1924) na clássica obra *O Estado e a revolução* (1917), escrita num contexto, no entanto, bem diferente do de Marx. Tratava-se, nesse caso, do cenário revolucionário soviético em épocas do regime tsarista, que levou à estruturação, na Rússia, do primeiro Estado socialista do mundo. Para o intelectual russo o Estado representava o Estado representava os interesses de uma classe específica, a

---

letária; de autoadministração e descentralização, de oposição do centralismo proletário democrático ao centralismo burguês burocrático e militar.

[21] A questão da autonomia relativa do Estado, cuja teorização, como veremos mais adiante, foi sistematizada por Nicos Poulantzas, remete, no marxismo clássico, a dois níveis de análise. Um deles, como já expresso, vincula-se com a situação particular da França analisada em *O 18 de Brumário de Luís Bonaparte*, referente à incapacidade de qualquer classe ou fração de classe de apresentar-se como hegemônica e detentora do poder de Estado, que permitiu a ascensão do Estado bonapartista. Já o segundo nível, de forma mais geral, remete à margem de autonomia de atuação que o Estado possui, em condições normais, em relação às classes dominantes, em virtude de elas não governarem senão por meio dos corpos burocrático-legislativos de governo, que apresentam uma dinâmica própria.

burguesia, e o principal meio de defesa desses interesses era o poder coercitivo institucionalizado – que, no caso da Rússia, era representado pela robusta burocracia tsarista.

O fundamental em Lenin era que o Estado, assim como em Marx, longe de ser – como concebido pela ideologia burguesa – um instrumento de conciliação das contradições sociais, se trata de um órgão de dominação de classe, uma sorte de máquina opressiva para o exercício do poder que tentava conciliar o irreconciliável conflito de classe.[22] Segundo o autor, a necessidade de um Estado existe, essencialmente, em virtude do conflito de classes. Sem ele, não há necessidade desse aparelho repressivo da classe dominante que é o Estado.[23]

Para Lenin, todo Estado é uma "ditadura de classe". Mesmo na república democrática burguesa mais avançada, o poder é sempre de uma minoria (que detém a propriedade dos meios de produção) sobre as camadas médias e a grande maioria dos trabalhadores. Atrás das aparências da democracia e do sistema de direitos e liberdades fundamentais, escondia-se, na realidade, uma ditadura.[24] Assim, se-

---

[22] Veja-se Lenin (2007).

[23] Contudo, na obra em tela, se valendo das palavras de Engels, a luta de classes nacional, Lenin (2007, p. 29) acrescenta o fato de que os Estados contíguos se tornam mais fortes e populosos como mais um elemento que vem a reforçar a necessidade do Estado capitalista. Tal constatação está no cerne da teoria do imperialismo por ele formulada, que remete à ideia de que não existe, em termos concretos, um modo de produção capitalista de caráter universal – cujo desenvolvimento ocorre homogeneamente –, mas sim, um sistema interestatal representado pela metáfora de uma "corrente" ou "cadeia" de "elos fortes" e "elos frágeis", elos esses que não são mais do que as formações sociais em cujos territórios o capitalismo se desenvolve de maneira desigual. Veja-se Lenin (2010).

[24] É importante esclarecer que Lenin dá à palavra "ditadura" um sentido diferente daquele tradicional, referente ao poder absoluto de um indivíduo ou grupo, exercido fora de todo controle e limitação jurídico-legal. Assim, a ditadura de classe, na visão do autor, pode se apresentar também sob a forma de governos parlamentares, representativos e constitucionais, obedientes à legalidade. Segundo Lenin (2007, p. 104-105), "a sociedade capitalista, considerada nas suas

gundo Lenin, era preciso opor à democracia burguesa a "ditadura do proletariado". Entretanto, isso só seria possível "quebrando" esse Estado centralizado, burocrático e coercitivo, pois, "o antigo aparelho executivo, em outras palavras, o corpo de funcionários, inseparável da burguesia, seria inteiramente incapaz de executar as decisões do Estado proletário" (Lenin, 2007, p. 76).

A destruição do Estado capitalista deveria acontecer, para o autor, pelo confronto armado coordenado pelo proletariado (revolução violenta). Essa classe, depois de se apoderar provisoriamente do aparelho do Estado e de estabelecer seu domínio político, buscaria dirigir a grande massa ao socialismo. É importante, contudo, salientar que para Lenin o termo "destruição do Estado" não se refere de forma pura e simples a um momento negativo de eliminação, mas a um processo paulatino de criação de um novo tipo de Estado que se organiza ainda antes da conquista do poder.[25]

Conforme ficou até aqui retratado, ainda que sem uma teoria orgânica sobre o Estado capitalista, a corrente marxista clássica tem prestado contribuições fundamentais para a descoberta da sua natureza de classe. Ao defini-lo a partir da sua função geral como

---

mais favoráveis condições de desenvolvimento, oferece-nos uma democracia mais ou menos completa na república democrática. Mas essa democracia é sempre comprimida no quadro estreito da exploração capitalista; no fundo, ela não passa nunca da democracia de uma minoria; das classes possuidoras, dos ricos".

[25] Na opinião de Gorender (1988), sendo a revolução um ato autoritário por excelência, o proletariado que se apossa do poder não dispensará o Estado como instrumento de afirmação desse mesmo poder. Ele tem a necessidade do Estado, o qual não pode desaparecer exatamente no momento da revolução. Trata-se, assim, de um novo tipo de Estado que necessariamente deve atravessar uma extinção gradual. Em termos históricos e factuais, segundo o autor, o que ocorreu em países do Leste Europeu, na União Soviética, na China ou em Cuba, em vez de realizar um processo de desaparecimento, o Estado iniciou um processo de expansão. Assim, ao contrário do previsto por Marx e Engels, o Estado assumiu os bens de produção em nome da sociedade, adquirindo um poder que nunca teve antes em nenhuma sociedade burguesa.

expressão do poder de uma classe nas relações socioeconômicas, ou, em outros termos, como instituição que organiza a dominação de classe, esta corrente consegue desmascarar a aparente neutralidade dessa máquina burocrática, mesmo quando ela diz se posicionar "acima" dos antagonismos das classes e grupos sociais para garantir, pela via da força pública, as liberdades e direitos individuais. Contudo, o excessivo destaque na noção de Estado como aparelho repressivo a serviço da vontade política da classe dominante – além do seu caráter superestrutural derivado de uma base econômica e do jogo mecânico e simplificado de uma luta entre burguesia e proletariado –, será questionado, como veremos, pelos desenvolvimentos ulteriores dessa corrente teórica, em virtude, principalmente, do seu viés instrumentalista e economicista.

A perspectiva weberiana

Nesta seção, tratamos, ainda que de forma sucinta, da contribuição do cientista social alemão Max Weber (1864-1920), cujas ideias, aliadas às abordagens já apresentadas, constituem um dos três pilares da teoria do Estado moderno. Descartando a ideia da corrente marxista clássica de que o Estado moderno se define pela sua "função" geral de organizar a dominação de classe, Weber procurou uma definição sociológica que partisse dos "meios" que seriam característicos a esse, ou seja, o uso da força física. Assim, para o autor, o Estado seria aquela comunidade humana que, dentro de determinado território, reclama para si o monopólio da coação física legítima.[26]

A dimensão repressiva do Estado ganha destaque na definição de Weber, assim como nos clássicos do marxismo. Na sua célebre obra *Economia e sociedade* (primeira publicação em 1922), Weber definia o Estado como uma "relação de dominação de homens sobre

---

[26] Veja-se Weber (1982).

homens", na qual os dominados submetem-se à autoridade invocada pelos dominantes. Tal relação acontece, segundo o autor, dentro de determinado território geográfico, bem como está garantida, de modo contínuo, mediante a ameaça e a aplicação de coação física por parte de um quadro burocrático-administrativo permanente.[27]

Para Weber, na medida em que esse Estado (assim como a "empresa" no âmbito econômico) representa uma manifestação correspondente à racionalização própria da sociedade moderna,[28] ele deve ser definido em termos, como já dito, dos meios de que se vale, e não dos fins perseguidos. Assim, da definição antes mencionada, decorre que o Estado comporta uma racionalização do direito; se apoia numa administração racional baseada em regulamentos; desenvolve sua atividade política no interior de um território delimitado, sobre seus habitantes, e detém o monopólio do uso legítimo da ação coercitiva. É desse "tipo ideal" de dominação racional-legal que deriva a legitimidade do Estado: ele tem sua legitimidade, a razão da obediência, fundada em um estatuto.

Um dos traços mais marcantes do conceito weberiano referente ao Estado provavelmente seja o entendimento sobre a administração-burocracia de Estado, como principal mecanismo de dominação na modernidade, assim como o de que o crescimento de tal burocracia viria a fortalecê-lo cada vez mais. Conforme aqui retratado, é expressiva a ênfase que a perspectiva weberiana coloca no aspecto

---

[27] Veja-se Weber (1999).

[28] Segundo Bianchi, para Max Weber "a empresa estatal racional e a empresa econômica racional germinaram no mesmo solo – o Ocidente –, e, por isso, partilharam de uma história comum. O nexo estabelecido nessa análise entre o florescimento da moderna empresa capitalista e o desenvolvimento do Estado moderno é muito forte. Segundo o sociólogo, o empreendimento capitalista necessitava, para prosperar, de que o Estado repousasse sobre um funcionalismo especializado e um direito racional, que não tiveram lugar no Oriente. Desse modo, a tendência ao progresso da economia em direção às formas modernas da empresa racional foi acompanhada de uma tendência ao progresso da política em direção às formas modernas do Estado racional" (Bianchi, 2014, p. 95).

coercitivo deste fenômeno social que é o Estado, fenômeno esse identificado essencialmente com os corpos burocráticos de governo. Assim como para as definições do marxismo clássico antes vistas, para Weber o Estado representa uma estrutura e relação de dominação, mas suas raízes estão na dominação racional-legal via "estatuto" (ou seja, em como se exerce o poder), e não na sua função de organizar a dominação de classe (e em quem detém o poder) como na corrente marxista.

A contribuição de Gramsci

Assim como as formulações de Marx tiveram como pano de fundo as relações de produção no século XIX, com destaque para a realidade inglesa, o teórico italiano Antonio Gramsci (1891-1937) empreendeu, nas primeiras décadas do século XX e ao sabor das lutas de classe na Rússia e da Revolução de Outubro, a elaboração de um arcabouço teórico original para pensar o Estado a partir da situação concreta e histórica, não apenas da Itália (país da periferia europeia), mas também dos países desenvolvidos de seu tempo.[29] Ainda que, assim como Weber, a grande preocupação do teórico tenha sido o problema da construção do poder, enquanto o primeiro focou nos mecanismos formais do exercício da dominação legítima, Gramsci, como veremos, buscou entender como essa dominação se convertia em aceitação por parte dos dominados.

A problemática gramsciana em torno da questão do Estado aparece inicialmente associada à crítica à ideologia liberal do Estado identificável ao simples governo e cujas funções se limitam à tutela

---

[29] Além da experiência revolucionária da Rússia, as preocupações teóricas de Gramsci surgiram da situação histórica italiana na qual o autor viveu: como figura central do Partido Socialista Italiano e, em seguida, do Partido Comunista, ele viu o fracasso de um movimento revolucionário das massas trabalhadoras e o início, em 1922, de um fascismo reacionário apoiado por grande parte da classe trabalhadora.

da ordem pública e ao respeito das leis. Gramsci questiona qualquer definição de tipo jurídico-coercitiva de Estado, bem como a forma com que a ideologia liberal oculta, por meio dessa definição, o poder do Estado como poder de classe.[30] Em definitivo, à identificação entre Estado e governo Gramsci opõe uma concepção ampliada de Estado: "na política, o erro acontece por uma inexata compreensão do que é o Estado (no significado integral: ditadura + hegemonia)" (2007, p. 257).

Por sua vez, a questão anterior também se vincula à necessidade de superação de uma concepção instrumentalista de Estado (o Estado como mero instrumento nas mãos da burguesia e a serviço da sua vontade política). Como diz Buci-Glucksmann (1980), Gramsci distingue dois momentos da articulação do campo estatal: o Estado em sentido estreito (unilateral) e o Estado em sentido amplo, dito integral.[31] Num sentido estreito, o Estado se identifica com o governo, com o aparelho de ditadura de classe, no qual prevalece a função coercitiva (exército, polícia, administração burocrática). Mas essa função coercitiva é, para o intelectual italiano, inseparável de um certo papel adaptativo-educativo do Estado, que procura realizar uma adequação entre aparelho produtivo e moralidade das massas populares, ficando claro que "o aprofundamento dos laços entre a força e o aparelho de produção passa pelo campo complexo das superestruturas" (Buci-Glucksmann, 1980, p. 128). Segundo Gramsci (2007, p. 284):

> Todo Estado é ético na medida em que uma de suas funções mais importantes é elevar a grande massa da população a um determinado nível cultural e moral, nível (ou tipo) que corresponde às necessidades de desenvolvimento das forças produtivas e, portanto, aos interesses das classes dominantes. A escola como função educativa positiva e os tribunais como função educativa

---

[30] Veja-se Buci-Glucksmann (1980).
[31] Vejam-se, também, Portantiero (2019), Coutinho (2012) e Thwaites Rey (2007a).

repressiva e negativa são as atividades estatais mais importantes neste sentido: mas, na realidade, para este fim tende uma multiplicidade de outras iniciativas e atividades chamadas privadas, que formam o aparelho de hegemonia política e cultural das classes dominantes.

Ao entender por Estado não somente o aparelho governamental, mas também o chamado "aparelho privado de hegemonia" (o sistema privado de produção e os aparelhos ideológico-culturais de hegemonia), Gramsci está incorporando ao conceito de Estado o aspecto educador. A incorporação da sociedade civil à noção de Estado é característica fundamental do conceito gramsciano de Estado integral, no sentido de que a direção do desenvolvimento histórico pertence às forças privadas, à sociedade civil, que é também o próprio Estado. Apoiando-se nas noções de "sociedade civil" e "sociedade política", de caráter hegeliano, Gramsci afirma: "na noção geral de Estado entram elementos que devem ser remetidos à noção de sociedade civil (no sentido, seria possível dizer, de que Estado = sociedade política + sociedade civil, isto é, hegemonia couraçada de coerção)" (Gramsci, 2007, p. 244).

Conforme os ensinamentos de Marx, Engels e Lenin, o Estado em Gramsci continua a se referir ao conjunto de aparelhos de coerção e repressão pelos quais a classe dominante impõe "coercitivamente" sua dominação (sistema administrativo, legislativo e judiciário, aparelhos militar e policial etc.). Em Marx, Engels e Lenin, como visto, foi dada ênfase, sobretudo, à dimensão coercitiva do Estado, entendido como núcleo central do poder das classes dominantes. Contudo, como alertara Gorender (1988) – ainda que isso não tenha significado que na tradição marxista-leninista se omitisse o problema da ideologia –, foi com Gramsci que os processos consensuais de direção e de dominação passaram a ocupar um papel de destaque no estudo sobre o Estado. Foi ele, nas palavras de Gorender (1988), que ressaltou, pioneiramente, a complexidade das funções desse Estado.

Para o teórico italiano, o Estado, além da dimensão coercitiva, também inclui a função dirigente das classes dominantes, baseada num certo consenso (ideológico) e aceitação por parte das classes subalternas da sociedade. Com essa nova esfera, Gramsci quer salientar que a ação educativa de tipo ideológico-cultural também faz parte, junto à repressão física, da dinâmica estatal e, de modo geral, do sistema de dominação do Ocidente, fazendo da capacidade de gerar consenso, de dirigir, um aspecto-chave para a análise política crítica do fenômeno estatal.

Para o autor, conforme exposto nos *Cadernos do cárcere* (escritos originalmente entre os anos 1920 e 1930),[32] o Estado é "todo o complexo de atividades práticas e teóricas com as quais a classe dirigente não só justifica e mantém seu domínio, mas consegue obter o consenso ativo dos governados" (Gramsci, 2007, p. 331). Contudo, é importante esclarecer que tanto a esfera da sociedade política como a da sociedade civil envolvem práticas que visam à obtenção do consenso das classes subalternas.[33] Em outras palavras, na perspectiva gramsciana, a noção de Estado representa muito mais do que o aparelho repressivo das classes dominantes, conforme os postulados do marxismo clássico. O Estado é aqui expressão, também, de dis-

---

[32] Faz-se necessário esclarecer aqui que a existência de todo um arcabouço teórico sobre o Estado é decorrente de reflexões do autor em questão anteriores aos *Cadernos do cárcere*. Para mais informações, veja-se Buci-Glucksmann (1980).

[33] O Estado capitalista democrático, por exemplo, pode ter caráter consensual, pois apela para o consenso das classes populares, oferecendo, segundo Gorender (1988), um jogo do qual elas podem participar: eleições, livre constituição de partidos políticos, recrutamento burocrático, concessões às demandas etc. Já no âmbito da sociedade civil, encontram-se os aparelhos privados de hegemonia (organizações consideradas "privadas", "organizadoras" de consenso entre as classes sociais), tais como igrejas (aparelho religioso); escolas e universidades (aparelho escolar); sindicatos (aparelho sindical); partidos políticos (aparelho político); mídia e cultura (meios de comunicação e produtos culturais, aparelhos de informação e cultura); família e relações de gênero; sabedoria popular etc.

putas "culturais", no plano ideológico, por parte de governantes e governados, pela conquista do poder.

É, portanto, no Estado (expressão política do complexo das relações ideológicas e culturais) que se confrontam os diversos projetos políticos e ideológicos. O Estado seria, então, segundo Gorender (1988), o terreno em que se formariam as consciências que aceitariam a ordem vigente. "Mas, a aceitação, aqui, não significa submissão passiva e resignação ou ilusão de uma ordem ideal. Uma classe subalterna pode aceitar uma determinada ordem social, mesmo vendo-a injusta", ressalta Gorender (1988, p. 57). Porém, ao considerar impossível ou inviável sua mudança, a classe subalterna adquire a confiança de que poderá melhorar sua posição, conquistar reformas. Nesse sentido, a classe subalterna dá o seu consenso, sua adesão e apoio à existência de uma determinada ordem social que diz contemplar os interesses de todos. É isso o que Gramsci chama de "hegemonia" de uma classe dirigente, na medida em que consegue obter o consenso das classes subalternas.

O consentimento dos dominados seria, pois, conquistado tanto pela disseminação de ideias, valores e visões de mundo, quanto pelo exercício da coerção. A classe dominante se torna dirigente na medida em que logra atingir um equilíbrio de compromisso entre as classes que lhe é favorável. Este tipo de equilíbrio depende de uma habilidade que inclui a possibilidade de fazer concessões a interesses de outras classes, assim como inclui, também, o emprego da força para impor seus próprios interesses (ainda que "confundidos" no interesse geral). Fica, assim, retratado como o consenso e a coerção, para o autor italiano, fazem parte dessa totalidade orgânica formada pela sociedade política e sociedade civil: o Estado integral.

Isso reforça a premissa de que essa distinção entre "sociedade política" e "sociedade civil" em Gramsci é puramente analítica, não é orgânica, pois na realidade esses dois elementos vão juntos, estão fundidos, colocando em discussão, numa sociedade dada, as

O ESTADO LATINO-AMERICANO

políticas públicas permeadas pela contradição derivada do antagonismo de classes.[34] Assim, a contribuição de Gramsci, apesar de não apresentada sistematicamente em nenhum de seus escritos,[35] chama a atenção, principalmente, para o papel que a ideologia cumpre no Estado moderno como elemento que mantém a coesão de uma sociedade dividida em classes, cujos interesses são opostos (e não complementares, conforme a perspectiva liberal do bem comum). O Estado é, simultaneamente, um instrumento essencial para a expansão do poder, pela via do consenso, da classe dominante (por meio de sua hegemonia, os dominados podiam ser persuadidos a aceitar o sistema de crenças da classe dominante e compartilhar os seus valores sociais, culturais e morais), e uma força repressiva que mantém os grupos subordinados fracos e desorganizados.

As contribuições de Althusser e Poulantzas

Dando continuidade à sequência proposta na introdução a este capítulo, na presente seção trataremos das contribuições, na vertente marxista, de Althusser e Poulantzas que mostraram-se de grande valia para estabelecer as bases para uma renovação do debate. Sobretudo porque, desde a época em que as elaborações pioneiras dos clássicos tiveram lugar, a questão do Estado se mostrava, na segunda metade do século XX, muito mais complexa do que no passado. Críticos dos traços economicista e instrumentalista das elaborações clássicas, as formulações de ambos os autores – ancoradas na noção ampliada de modo de produção que articula economia, Estado e

---

[34] Veja-se Buci-Glucksmann (1980, p. 126).

[35] É importante lembrar aqui que, além de sujeitas à censura da prisão, as notas de Gramsci versam sobre vários temas e combinam vários conceitos e, além disso, existem diversas versões de muitas dessas anotações, não sendo, assim, possível qualquer descrição cronológica ou linear das ideias de Gramsci expostas nos *Cadernos*.

ideologia – marcaram uma nova etapa no campo de reflexão sobre o Estado na teoria marxista. [36]

Dentre os desenvolvimentos ulteriores do conceito gramsciano de Estado integral, particularmente a partir dos anos de 1960, uma das análises que tem se revelado de grande relevância para entender os fundamentos do Estado moderno é a do filósofo nascido na Argélia, Louis Althusser (1918-1990). Em *Sobre a reprodução*, livro escrito em 1969 e publicado na íntegra apenas em 1995,[37] Althusser debate a concepção do Estado como uma espécie de "máquina" de repressão que permite às classes dominantes garantir sua dominação sobre a classe operária para submetê-la ao processo de extorsão da mais-valia (exploração).[38] Essa análise, segundo o autor, representa o próprio "começo" da teoria marxista do Estado, na sua fase descritiva". Já a constituição desta propriamente dita exigiria a "superação" da referida fase descritiva.[39] Segundo o filósofo argelino, ainda que "a definição do Estado como Estado de classe, existente no aparelho de Estado repressor, ilumina de uma forma fulgurante todos os fatos observáveis nos diversos níveis de repressão" (Althusser, 2008, p. 95), se essa fase descritiva não for superada, corre-se o risco de cair "para o lado ruim", apresentando o Estado

---

[36] Além das contribuições de Althusser e Poulantzas à época, podemos mencionar as da escola da 'derivação' (ou da 'lógica') do capital, da escola de Frankfurt, de autores como Offe, Lefebvre, Anderson, bem como a do grupo estadunidense da crise fiscal de Estado. Vejam-se Gold; Lo; Wright (1975a, 1975b); Laclau (1981); Carnoy (1984); Barrow (1993); Anderson (2019).

[37] Trata-se da versão ampliada do célebre artigo "Ideologia e aparelhos ideológicos de Estado", publicado em 1970.

[38] Como visto, tal como defendido pela tradição marxista-leninista clássica.

[39] Como lembra Althusser (2008), ainda que na prática política os clássicos do marxismo tenham reconhecido o Estado como uma realidade mais complexa que aquela que o identifica com o aparelho repressor de Estado, no plano teórico "essa apresentação da natureza do Estado continua sendo descritiva" (Althusser, 2008, p. 94).

como um puro instrumento de dominação e de repressão a serviço dos objetivos da classe dominante (Althusser, 2008).

Com o objetivo de esboçar a teoria correspondente, Althusser retoma o princípio marxista-leninista clássico da diferenciação entre poder de Estado (a classe ou aliança de classes que possuem o poder) e aparelho de Estado (abrange os diversos aparelhos especializados por intermédio dos quais o poder de Estado é exercido, pois a burguesia não governa diretamente), acrescentado pela distinção entre aparelho repressor de Estado e aparelhos ideológicos de Estado.[40] Eis aqui o ponto preciso de intervenção teórica do autor que diz respeito a esses aparelhos ideológicos de Estado numa determinada "formação social",[41] tais como o escolar, o familiar, o religioso, o político, o sindical, o de informação, o cultural etc.[42] Para Althusser, os referidos aparelhos ideológicos são múltiplos, relativamente independentes e unificados sob a ideologia de Estado – que corresponde aos interesses fundamentais dessa classe no poder e que funciona sobre amplas camadas da população –, de modo que o que interessa para o autor é saber se tal ou qual instituição, independentemente da sua personalidade de direito público ou privado,[43] funciona como "peça"

---

[40] Sobre a ideologia em Althusser, veja-se Sampedro (2010).

[41] O termo "formação social" refere-se a uma totalidade social historicamente determinada, complexa, estruturada a partir da combinação dos diferentes modos de produção, com dominância de um deles, coexistentes no âmbito de uma estrutura econômica, mas sobre a qual se articulam as estruturas político-jurídicas e ideológicas. Na vida social concreta, uma formação social pode corresponder a um país, ou seja, uma formação nacional específica, ou a um conjunto de países ou formações nacionais que apresentam características e uma história em comum, como é o caso da formação social latino-americana. Vejam-se Althusser (2008); Poulantzas (2019); Harnecker (1974) e Gorender (1980).

[42] Veja-se Althusser (2008, p. 100-101).

[43] Uma das críticas à tese de Althusser vincula-se com o questionamento acerca de como instituições "privadas" ou de direito privado podem ser "estatais". Interessa, assim, esclarecer que, para a teoria marxista, a despeito das categorias e personalidades do direito burguês (o "público" e o "privado"), o Estado

a serviço da política do Estado ou da classe dominante, contribuindo a garantir as condições de reprodução das relações de produção por meio das quais se efetua a exploração.

Por fim, as questões do Estado e da política foram também reintroduzidas na tradição marxista, a partir da década de 1960, pelo cientista político grego Nicos Poulantzas (1936-1979).[44] Assim como Althusser, Poulantzas afirmou que os clássicos do marxismo "não trataram especificamente, no nível da *sistematicidade* teórica, a região do político" e que "absorvidos no exercício direto da sua própria prática política, não fizeram explicitamente a sua teoria, no sentido rigoroso do termo" (Poulantzas, 2019, p. 22, grifo no original). Segundo o autor, em referência aos textos de Marx, Engels, Lenin ou Gramsci,

> o que finalmente se encontra em suas obras é tanto um corpo ordenado de conceitos no 'estado prático' – ou seja, presentes no discurso e destinados, por sua função, a dirigir diretamente a prática política em uma conjuntura concreta, mas não teoricamente elaborados – quanto *elementos* de conhecimento teórico da prática política e da superestrutura do Estado, ou seja, conceitos elaborados, mas não inseridos num discurso teórico sistemático. (Poulantzas, 2019, p. 22-23, grifo no original)

Buscando produzir uma teoria regional do político no modo de produção capitalista, isto é, produzir um conceito que exprima o que há de universal em qualquer Estado capitalista, na sua obra

---

é sempre o Estado da classe dominante, não por ser da sua "propriedade", em sentido jurídico, mas porque de fato ele é seu Estado; detém o poder de Estado e o exerce por intermédio do aparelho repressor e dos aparelhos ideológicos. O critério de Althusser não é jurídico (burguês), mas funcional.

[44] Reflexões sobre a contribuição mais ampla do pensamento poulantziano aos estudos marxistas sobre o Estado capitalista podem ser encontradas em Jessop (1985). Veja-se, também, Motta (2014). Por sua vez, é importante esclarecer que debates como o travado entre Poulantzas e Ralph Miliband (1972), entre 1969 e 1976, propiciaram relevantes e precursoras reflexões em torno da natureza, funções e transformações do Estado capitalista. Veja-se Tarcus (1991) e Thwaites Rey (2007b).

magna *Poder político e classes sociais* (1968), Poulantzas partiu do conceito de político como conceito geral, atinente a qualquer modo de produção (escravista, feudal, capitalista), e mobilizou, em seguida, a teoria do modo de produção capitalista, os conhecimentos teóricos existentes sobre o político, especificamente no modo de produção capitalista, e, também, as análises do político nas formações sociais capitalistas historicamente existentes.

Conforme conceituado por Poulantzas, numa formação social capitalista (lugar efetivo de existência de vários modos de produção no qual o de tipo capitalista é o dominante), o papel global do Estado diz respeito à manutenção da unidade dessa formação social, atravessada pelo antagonismo das classes que a compõem e pela dominação de uma classe sobre a outra. Por sua vez, além de fator de coesão social, para o autor, o Estado capitalista cumpre a função particular de assegurar a dominação política de classe, ou ainda, o interesse político da classe dominante – interesse esse que diz respeito, em essência, à manutenção do capitalismo.

Para a efetivação das referidas funções, o Estado, como estrutura jurídico-política do modo de produção capitalista, e como aparelho numa formação social dada, tem como grandes objetivos a desorganização das classes populares e a organização política das classes dominantes.[45] O primeiro objetivo é cumprido por meio do que o autor chamou de "efeito de isolamento" (individualização dos trabalhadores assalariados pela via jurídica, como sujeitos legais, "formalmente" livres e iguais) e de "efeito de representação da unidade" (o Estado é visto como uma unidade do "povo-nação", no sentido de uma reunião de sujeitos num determinado território). O efeito de isolamento refere-se à individualização formal dos agentes da produção (trabalhadores e proprietários dos meios de produção). Não é outra coisa que a atribuição de individualidade como uma

---

[45] Veja-se Poulantzas (2019) e Saes (1998a).

condição comum (igualdade) de todos os habitantes de um território soberano, unificando e igualando "formalmente" trabalhadores e capitalistas.

Já o efeito de representação da unidade, decorrente do efeito de isolamento (que coloca o trabalhador, no mercado de trabalho, como "sujeito individual", isolado), é, para Poulantzas, o de neutralizar a tendência à ação coletiva dos trabalhadores de se unirem em um coletivo antagônico à classe proprietária. Assim, esse efeito de representação de unidade é unificar os indivíduos atomizados pelo direito burguês,[46] conservando-os num estado de massa e frustrando qualquer tentativa de desenvolvimento de laços de solidariedade (em virtude do princípio individualista de socialização, assim como da concorrência no mercado de trabalho), e impedindo a sua constituição em classe social.

O efeito de isolamento permite que esse Estado se apresente como a "unidade" do povo-nação, do conjunto da sociedade, composta de agentes-indivíduos e não por classes ou grupos. Dessa forma, apaga-se, mascara-se o caráter de classe dessa unidade: o Estado nacional-popular, cuja estrutura e lógica de funcionamento, como organização burocrática, estão baseados, ademais, nos critérios da universalidade e da meritocracia,[47] apresenta-se como o representante

---

[46] Como explica Saes (1998a, p. 37, grifo no original), na medida em que o referido conjunto de regras "define *igualmente* o proprietário dos meios de produção e o produtor direto como seres genericamente dotados de vontade subjetiva e, portanto, capazes de praticar *os mesmos atos* [...], iguala todos os agentes da produção, convertendo-os em *sujeitos individuais*; isto é, em indivíduos igualmente capazes de praticar atos de vontade".

[47] Sobre a noção poulantziana de 'burocratismo' como sistema de organização particular do aparelho de Estado, veja-se Saes (1998a). Tal noção representa uma valiosa contribuição para a crítica à literatura burguesa no campo da administração pública que concebe a administração do aparelho do Estado capitalista limitada a um conjunto "neutro" de técnicas e métodos de gestão, cuja função é a de "melhorar" o desempenho do referido aparelho. Sobre a administração pública do Estado capitalista, vejam-se, também, Guerrero (1980); Holloway (1982).

da unidade de agentes privados, de toda a sociedade, e não apenas da classe dominante. Tal como explica Boito Júnior (2019, p. 21):

> esses dois efeitos ideológicos geram a concepção burguesa de cidadania e a concepção burguesa de nação, concepções que podemos considerar as figuras básicas da ideologia política burguesa, que são as concepções que permitem a reprodução das relações capitalistas de produção. A estrutura particular do Estado capitalista, que o distingue dos tipos de Estado pré-capitalista, permite que esse Estado desempenhe, de uma maneira particular e compatível com a economia capitalista, a função geral de todo e qualquer Estado: assegurar a coesão de uma sociedade dividida em classes.

Contudo, cabe esclarecer que o referido efeito de isolamento também atinge as classes dominantes,[48] devendo o Estado (comandado pela classe política sob uma lógica própria)[49] agir em prol de assegurar uma certa unidade, ainda que contraditória, do chamado "bloco no poder" (expressão cunhada por Poulantzas para se referir ao conjunto das classes dominantes e frações de classe), assim como sua hegemonia (direção) sobre as classes dominadas,[50] possibilitando a reprodução e manutenção da ordem capitalista. O Estado capitalista não representa diretamente os interesses econômicos das classes dominantes, mas seus interesses políticos, expressos na luta política. Pelo fracionamento interno da classe economicamente dominante e em virtude da sua impotência em realizar sua unidade interna, o Estado assume a função de articulação interna (sob a hegemonia de uma fração que é quem controla a política estatal) que essas classes não podem preencher, contribuindo em conciliar e transformar os

---

[48] Tanto as classes dominantes como as dominadas não são tratadas pelo autor como monolíticas ou homogêneas. A clivagem no seu interior leva à constituição de frações e camadas de classe.

[49] Esse aspecto remete à questão da autonomia relativa do aparelho estatal em relação às classes dominantes. Tal aspecto manifesta-se, em essência, na existência de uma burocracia estatal que conta com uma lógica própria de organização e atuação.

[50] O conceito de "hegemonia" em Poulantzas foi por nós trabalhado em Duvoisin e Granato (2020).

interesses econômicos dessas classes dominantes num projeto político que se apresenta como "comum" para toda a sociedade. Contudo, há, para Poulantzas, uma "autonomia relativa" do Estado capitalista diante da burguesia, que remete não apenas a uma dinâmica própria, mas à necessidade de encontrar um equilíbrio de compromisso entre as classes e frações de classe, possibilitando a manutenção e a reprodução do modo de produção capitalista.[51]

É no sentido antes descrito que o Estado, independentemente das forças sociais que o ocupam, presta contribuições fundamentais à tarefa de apresentar o projeto político da fração dominante como de "interesse nacional-popular" (da sociedade como um todo), necessário à sua hegemonia nacional-popular, sobre as classes populares. Fica, assim, retratado que o Estado, ao sintetizar interesses particulares de determinados grupos sociais – o das classes dominantes –, recorre não somente à repressão física organizada, mas também intervém na organização das relações ideológicas no cumprimento de suas funções. Esse processo nunca é simples, e envolve uma negociação de interesses contínua, problemática e conflituosa, num "equilíbrio instável de forças".[52] Tal processo requer, de acordo com a conjuntura concreta, concessões materiais reais (ainda que limitadas e de curto prazo) a favor das classes dominadas (segundo o cientista grego, "sacrifícios" esses necessários, ainda que contrários muitas vezes aos próprios interesses burgueses, para a realização da hegemonia sobre o conjunto das classes subalternas, pois essas concessões contribuem a desorganizar as

---

[51] Poulantzas (2019) concebeu a autonomia relativa do Estado em relação às classes sociais, e em particular às classes dominantes, como um traço próprio do Estado de tipo capitalista. Para o autor grego, esse traço não está inscrito no Estado de tipo capitalista apenas em circunstâncias excepcionais de crise política, mas se apresenta de modo permanente, ainda que suas "variações e modalidades de realização dependem da conjuntura concreta das forças sociais" (Poulantzas, 2019, p. 268).

[52] Veja-se a esse respeito Medeiros e Granato (2021).

classes subordinadas e a reforçar a "aparência" de que o Estado promove o interesse geral da sociedade).[53]

Em trabalhos posteriores, principalmente na obra *O Estado, o poder, o socialismo* (1978), mais voltada à discussão de uma das formas do Estado capitalista, o Estado, para Poulantzas, torna-se muito mais que o local de organização do poder da classe dominante ou o fator isolador da classe operária.[54] Ele afirma que o Estado é um local de conflito de classes, além de que "o Estado concentra não apenas a relação de forças entre frações do bloco no poder, mas também a relação de forças entre estas e as classes dominadas" (Poulantzas, 2015, p. 143). Segundo o autor, da mesma forma que a relação entre Estado e classes dominantes não é uma relação de exterioridade, a relação entre Estado e classes dominadas tampouco o é: as lutas populares estão inscritas na trama dos seus aparelhos, que as materializam, que condensam a relação de forças.

Concebido o Estado como a condensação material de uma relação contraditória, o autor chama a atenção para um dos seus elementos essenciais: sua materialidade heterogênea, atravessada pelas contradições de uma sociedade de classes. Suas fissuras, divisões e contradições, como disse Poulantzas (2015), não representam meros acidentes disfuncionais. São as próprias contradições o fundamento do papel organizador do Estado capitalista e de sua autonomia relativa, autonomia essa que encontra expressão nas políticas ou medidas que cada uma das classes e grupos conseguem fazer ou não o Estado adotar, submetendo-se sempre à lógica do político e às suas especificidades. A agenda estatal incorpora, assim, a multi-

---

[53] Fica, assim, claro que, na perspectiva do cientista grego, o Estado comporta, contudo, um jogo que permite, dentro dos limites do sistema, uma certa garantia de interesses econômicos das classes dominadas, sendo possível falar, nos termos de Saes (1998c), no papel do Estado de redefinir ou reorganizar os interesses econômicos das classes sociais.

[54] As linhas de pesquisa propostas em Poulantzas (1980) resultam elucidativas das novas preocupações teóricas do autor à época.

plicidade de interesses específicos e conflitantes dos diversos grupos e classes sociais, conforme um determinado quadro de correlação de forças sociais, sempre dentro da lógica capitalista de exploração e dominação. Como esclarece Poulantzas (2015), as demandas e interesses cristalizados em uma determinada correlação de forças nunca se refletem como tais no seio do Estado. A tradução das propostas da correlação no governo não é imediata e fiel: ao se adaptar ou se adequar à materialidade institucional dos seus aparelhos, ao serem processadas por eles, os programas, demandas e interesses da base social do governo são cristalizados, assim, sob uma forma "refratária".[55] Dessa forma, segundo o autor grego, as políticas resultantes devem ser compreendidas muito mais em termos de uma coordenação conflitiva de micropolíticas e táticas divergentes do que como uma formulação racional de um projeto global e coerente.

À guisa de conclusão

Neste capítulo, às concepções sobre o Estado na fase de construção do Estado moderno foram contrapostas as contribuições teóricas do marxismo clássico. Tais contribuições propuseram problematizar a definição que entende o Estado da forma como esse geralmente se apresenta na sociedade: como um conjunto de instituições, decorrentes de um contrato, que funcionam como árbitro neutro das disputas sociais. Entretanto, foi possível identificar, com base na discussão de autores aqui proposta, que mesmo reconhecendo a natureza de classe do Estado, o debate clássico marxista – orientado à luta política e não a uma sistematização teórica propriamente dita

---

[55] Nas palavras do próprio autor: "O Estado não se reduz à relação de forças, ele apresenta uma opacidade e uma resistência próprias. Uma mudança na relação de forças entre as classes certamente tem sempre efeitos no Estado, mas não se expressa de maneira direta e imediata: ela esgota a materialidade de seus diversos aparelhos e só se cristaliza no Estado sob sua forma refratada e diferencial segundo seus aparelhos" (Poulantzas, 2015, p. 132-133).

– foi marcado por uma concepção, de certa forma, reducionista, que identificava o Estado como um mero epifenômeno da base econômica, assim como uma máquina governamental repressiva a serviço da vontade política da classe dominante.

Ainda que o marxismo clássico, como contraponto à ideia de Estado neutro que encarna o interesse comum, tenha nos mostrado a importância de definir o Estado pela sua função geral de organizar a dominação de classe, ou seja, de tratá-lo levando em consideração a sua base socioeconômica, a sociedade dividida em classes – e os conflitos e as contradições que dela emergem –, a ênfase na dimensão coercitiva do Estado, só veio a ser reformulada com Gramsci e, de forma sistemática, após meados do século XX. Nesse sentido, as contribuições teóricas de autores como Althusser e Poulantzas, para além do reducionismo da discussão marxista clássica, retrataram a relevância de reconhecer, na organização burocrática e nas instituições, tão somente uma – ainda que de ordem fundamental – das múltiplas dimensões desse centro de exercício do poder político que é o Estado.

O ESTADO LATINO-AMERICANO:
DEBATE TEÓRICO[1]

Historicamente, a questão sobre o Estado nas sociedades da América Latina tem tido uma presença indireta nos debates teóricos do pensamento social latino-americano vinculados à problemática do desenvolvimento capitalista na região. Ora entendido como um conjunto de instituições, ora como um mero instrumento manipulável pelas classes ou grupos no poder, o Estado parece ter comparecido nos estudos e investigações sociais como uma questão dada, pre-estabelecida, não merecedora de ser problematizada ou questionada. Tampouco eram pensados seus vínculos com o caráter periférico e dependente das sociedades do continente, configurado a partir da existência do capitalismo como modo de produção dominante nos centros hegemônicos mundiais.

Avançada a década de 1960, à luz de diversos acontecimentos históricos e de uma atualização do debate marxista sobre o Estado na Europa, teve lugar na região toda uma literatura de cunho crítico. Esta, diante da problemática do autoritarismo e dos novos regimes militares e da inserção dependente da região na etapa de acumulação de capitalismo monopolista, promoveu uma renovação da discussão ao reivindicar o Estado latino-americano como objeto

---

[1] Cabe registrar que no presente capítulo reproduzimos ideias presentes em outros textos nossos, sobretudo em Granato (2021).

problemático de reflexão e análise (para além dos tipos puros da teoria geral, baseados na experiência europeia). Além disso, também defendeu, de forma mais ampla, a necessidade de pensar e explicar a América Latina como uma totalidade e a partir de uma concepção totalizadora da própria realidade social.[2] A tarefa era, portanto, sem perder de vista a diversidade de experiências nacionais, a de encontrar os aspectos comuns do "estatal" na região latino-americana, dentre os quais destacaram-se as suas determinações específicas, em termos de inserção externa dependente e de estrutura social heterogênea, que é o tema deste capítulo.

Ao final da década de 1980, aberto o caminho para a transição democrática na região, e sob um paradigma que privilegiava a disseminação de estudos cada vez mais especializados e desqualificava as sínteses generalizadoras das décadas prévias, uma parte significativa da intelectualidade latino-americana orientou-se, no contexto de ascensão do período neoliberal, para novas formas nas quais a democracia, a cultura política e as instituições políticas, desprovidas de qualquer determinação econômica e de classe, foram privilegiadas em detrimento de categorias como "Estado", "classes sociais" e "dependência", "imperialismo".[3] Já no início do novo século, em meio a processos de recomposição do poder político que tiveram lugar

---

[2] Sobre este assunto, adotamos as considerações de Aricó (2017) que, ao se perguntar até que ponto as diversas formações sociais latino-americanas constituem um conjunto único possível de ser identificado com a categoria "América Latina", defende que o caráter problemático da referida categoria encontra fundamento e explicação num terreno histórico comum, numa matriz única que, dentre outros fatores, remete ao fenômeno comum da incorporação massiva num mercado mundial que colocou tais formações numa situação de dependência econômico-financeira com relação às economias capitalistas dos países centrais. Em igual sentido, Cueva (1987, p. 185) afirma: "América Latina constitui uma unidade não apenas cultural, mas histórica, no sentido mais forte do termo, devido a que possui uma mesma tradição, um inimigo comum, bem como um similar anseio de libertação".

[3] Vejam-se Cueva (2008) e Vasconi (1995).

em vários países da região como consequência de crises nacionais decorrentes dos impactos regressivos do período neoliberal, o debate teórico-crítico sobre o Estado latino-americano e suas especificidades adquiriu nova vigência em certos segmentos da intelectualidade da região.[4]

Dessa forma, a partir da problematização da noção de Estado neutro proposta no capítulo anterior,[5] e buscando contribuir com a referida discussão das especificidades do Estado na América Latina, propomos recuperar aqui, a modo de balanço teórico não exaustivo, algumas das mais significativas contribuições que tiveram lugar na segunda metade do século XX em torno do tema das condições constitutivas do fenômeno estatal na região,[6] de forma a resgatar

---

[4] Dentre os trabalhos que refletem a referida retomada, podemos mencionar: Castro Escudero e Oliver (2005), Oliver (2006, 2016), Lujano (2007), Tapia (2010), Thwaites Rey (2010, 2012), Gómez (2012), Cortés (2012), Thwaites Rey e Castillo (2013), Osorio (2014a, 2014b, 2017), García Linera (2010, 2015), Salama (2016), Pimmer (2016), Bichir (2017), Ouviña e Thwaites Rey (2018), Granato (2018), Tzeiman (2018), Cabaluz (2018), Arias Mejía (2019), Duvoisin e Ranincheski (2019), Arias Mejía e Granato (2021) e Tzeiman (2021). Esclarecemos, outrossim, que não estamos considerando aqui os diversos e valiosos estudos e reflexões cujos recortes remetem a experiências nacionais específicas ou que trabalham a questão do Estado capitalista num nível geral de abstração, sem remissão direta à América Latina. Dessa forma, no presente trabalho, focamos naqueles estudos que de forma mais ou menos explícita optaram por trabalhar o Estado latino-americano como objeto de indagação.

[5] Cabe aqui relembrar o expresso por Wolkmer (1990, p. 78-79) no sentido de que "compreender criticamente o Estado, dentro da realidade periférica latino-americana, pressupõe a capacidade para desenvolver uma análise crítica da nossa situação presente, liberta da ideologia que o concebe falsamente como um 'ente' abstrato e neutro, árbitro dos conflitos e provedor do bem-comum".

[6] Cabe esclarecer que a literatura discutida no presente capítulo não remete a uma seleção exaustiva, nem, necessariamente, a uma cronologia estrita. Antes, como dito, optamos por desenvolver um diálogo com a mais representativa em torno do assunto das condições constitutivas do Estado na região, em virtude de entender que assim como não é possível refletir sobre o funcionamento estrutural das formações sociais latino-americanas sem dar conta de pensar

elementos que venham a estimular a reflexão política contemporânea sobre uma América Latina em que, assim como lembrava Cueva (2008) já no fim dos anos 1980, o subdesenvolvimento e a dependência continuam a marcar os rumos do continente. O presente capítulo trata-se, assim, de um convite à discussão acerca de como pensar o Estado em estreita relação com as determinações das formações sociais latino-americanas a que se encontra vinculado.

O Estado em obras do pensamento latino-americano do século XX

Tal como expresso por Kaplan (1983, 1990) e González Casanova (1990), desde as independências nacionais até o pós-Segunda Guerra Mundial, os estudos acerca do Estado na América Latina remeteram, essencialmente, aos campos da Filosofia Jurídica e do Direito Constitucional. As pesquisas, que tinham como principais fontes os clássicos europeus, referiam-se à formação histórica dos Estados nacionais em uma perspectiva do direito constitucional, fundamentalmente. Aos clássicos do constitucionalismo liberal do século XIX, tais como Juan Bautista Alberdi, na Argentina, e Ignacio Vallarta, no México, acrescentaram-se, nas primeiras décadas do século XX, obras como as de Luis Cabrera (*La herencia de Carranza*, de 1920), Octávio Brandão (*Agrarismo e industrialismo*, de 1926), José Carlos Mariátegui (*Siete ensayos de la realidad peruana*, de 1928) e Víctor Haya de la Torre (*El antiimperialismo y el Apra*, de 1928). Essas obras do pensamento social latino-americano, inspiradas na corrente marxista clássica, adotaram, de forma geral, uma perspectiva instrumental do Estado concebido como aparelho a serviço da vontade política das oligarquias dominantes à época – afirmação essa que não nos impede reconhecer, contudo, a ampla e

---

o Estado, também não se faz possível teorizar sobre o Estado sem discutir as características das estruturas sociais a ele associadas.

valiosa contribuição dessas obras precursoras de um marxismo que emergia de maneira embrionária nos anos de 1920.

Segundo Kaplan (1983), neste período, avançaram na região variedades dogmáticas ou ortodoxas do marxismo, principalmente a interpretação soviética, que, nas suas análises sobre o caráter "feudal" da formação social latino-americana subdesenvolvida,[7] não se referia senão indiretamente e de forma reducionista ao problema do Estado. Como visto no capítulo anterior, a tradição marxista clássica comportava tendências reducionistas (instrumentalista e economicista) que, ao privar o Estado de realidade e lógica próprias, e ao ignorar a complexa e conflitiva trama de forças, relações e formas sociais que o atravessam, pouco contribuíram com o avanço, na América Latina, de uma indagação mais ampla e aprofundada sobre a questão.

Porém, os problemas e limitações em torno da questão do Estado latino-americano não se restringiram ao campo teórico marxista. A partir dos anos 1940, o pensamento social latino-americano passou a assumir a forma específica de "teoria social" por meio de diversos esforços de teorização em torno da temática do desenvol-

---

[7] Na visão predominante neste campo, o subdesenvolvimento da região, decorrente da sua dependência externa, era compreendido como falta de desenvolvimento capitalista, ou, em outras palavras, como uma sorte de capitalismo insuficiente que mantinha relações de produção "atrasadas", "semifeudais". Cabe aqui esclarecer que Sergio Bagú fez, pioneiramente, a crítica ao referido caráter feudal da formação social latino-americana, mostrando o caráter capitalista de tal região e contrariando o postulado da necessária revolução capitalista democrático-burguesa para preparar a passagem ao socialismo. Veja-se Bagú (1949). Tal crítica foi retomada, mais adiante, como veremos, pelos teóricos da dependência frente à experiência da Revolução Cubana de 1959 e sua consolidação como processo socialista em 1961, que mostrou a possibilidade da revolução socialista num país da região, sem a necessidade de uma aliança democrático-burguesa. Contudo, para além do referido debate, a corrente althusseriana veio a pensar a formação social como uma articulação de diferentes modos de produção com a dominância de um deles, que preside a existência dos demais e até os dissolve no longo prazo.

vimento.[8] Isso contribuiu para que algumas variedades da ciência política e da sociologia estadunidenses ganhassem relevância nas ciências sociais da região – em processo de institucionalização –, e com elas o estrutural funcionalismo veio a predominar no continente. No caso da vertente da "modernização", por exemplo, que buscava interpretar à luz das sociedades ditas avançadas a mudança e o desenvolvimento das sociedades latino-americanas,[9] a categoria "Estado" era identificada com a de "sistema político", discutindo-se o porquê e o para quê, sem nunca ser discutido o para quem.

Ao se referir ao não tratamento do estatal na corrente em tela, Kaplan expressou que "o Estado parece ou resulta ser algo inexistente ou se declara natural sua forma atual, subtraindo-o do horizonte da teoria e da pesquisa empírica" (Kaplan, 1987, p. 35, tradução nossa).[10] Ainda nas palavras de Kaplan, quando abordado, o Estado é tido como se "fosse um ente especial, superior, colocado fora do processo histórico-político e à margem das suas leis. O exame do Estado deixa de ser crítico e rigoroso à medida em que se coloca entre parênteses o contexto social dos processos políticos" (Kaplan, 1987, p. 36).

A definição de Estado é, aqui, apenas formal e limitada a explicar como esse "conjunto de instituições" funciona. Essa concepção está associada à ideia de que o Estado desempenha um papel de mediador neutro ou árbitro com agência suficiente para, por meio de suas funções de caráter universal, garantir o chamado "interesse público" ou bem comum, sobrepondo-se a todo e qualquer conflito social, amortecendo-o e ocultando, assim, o caráter de classe do Estado. Contribuía-se, assim, segundo Kaplan (1987), para o ocul-

---

[8] Veja-se Vasconi (1995).

[9] Expressão clássica desta vertente é a obra de Gino Germani, *Política y Sociedad en una época de transición*, assim como outras obras sobre o desenvolvimento político. Veja-se Germani (1966).

[10] Todas as traduções nesta obra são da nossa responsabilidade.

tamento e o desconhecimento do Estado capitalista, da sua natureza e existência, de seu papel e funções na totalidade social.

Por sua vez, partindo da premissa do caráter subdesenvolvido dos países na periferia capitalista, explicado pelo desigual avanço das forças produtivas entre "centro" e "periferia", a corrente do estruturalismo cepalino,[11] que contou com contribuições de intelectuais do porte de Raúl Prebisch e Celso Furtado,[12] tampouco conseguiu fugir do tratamento reducionista do Estado, apesar de na referida corrente, diferentemente da corrente da modernização, o Estado ter ocupado um lugar central na discussão sobre desenvolvimento. Sem uma preocupação em teorizá-lo ou problematizá-lo,[13] assim como em desmascarar os interesses de classe que o permeiam, o Estado foi concebido, na perspectiva desenvolvimentista, como uma mera máquina administrativa socialmente neutra e tecnicamente racional, externa ao sistema econômico e à sociedade como um todo, capaz de atuar de forma independente sobre ambas as esferas visando à industrialização.[14]

---

[11] Vasconi (1995) reconhece nesta corrente a primeira tentativa de "latino-americanização" dos estudos científicos sociais, dando continuidade a esforços prévios de autores do pensamento social da região como, por exemplo, o do já mencionado Víctor Haya de la Torre.

[12] Dentre os trabalhos profícuos dos referidos intelectuais destacam-se *El desarrollo económico de la América Latina y algunos de sus principales problemas* (1949), no caso de Prebisch, e *Desenvolvimento e subdesenvolvimento* (1961), de Furtado. Para mais informações sobre o estruturalismo cepalino e a contribuição destes autores, veja-se Bielschowsky (2000).

[13] Reforçando este entendimento, Zavaleta Mercado expressou que o "estudo do episódio superestrutural e, mais propriamente, da questão do Estado dependente é geralmente omitido, de fato, na teoria do subdesenvolvimento, quando, na verdade, tal episódio deveria ser o seu núcleo explicativo" (Zavaleta Mercado, 2011a, p. 452).

[14] Sobre esse ponto, Cardoso discute: "Por que tanta tempestade num copo d'água? Possivelmente, porque a pergunta 'O que é o Estado?' (nos países latino-americanos) não tem sido respondida senão por meio das dicotomias já mencionadas: um "aparelho" controlado pelo estamento burocrático, ou o 'comitê executivo' das classes dominantes. Como essas duas menções são

O Estado foi reduzido ao aparelho governamental que impulsionaria a industrialização modernizadora, negligenciando-se toda e qualquer contradição e antagonismo de classe, e afirmando-se sua autonomia, também, no plano externo, com relação à própria dinâmica do mercado mundial, que colocava os países periféricos sistematicamente em posição de desvantagem (Mathias e Salama, 1983). Dessa forma, o problema do desenvolvimento na periferia capitalista viu-se restringido, para o estruturalismo cepalino, ao processo de fortalecimento e modernização do Estado como aparelho mediador/organizador contingente, "casca vazia sobre a qual só se descrevem a função técnica e as influências que sobre ela são exercidas, e cuja forma em si mesma, dissociada do contexto sócio-histórico, permanece sem se explicar" (Kaplan, 1987, p. 36).

Retomando-se novamente o campo de reflexão do marxismo, por volta de meados da década de 1960, num contexto marcado pelo reduzido alcance das políticas desenvolvimentistas, pelo estagnacionismo econômico e pela Revolução Cubana, bem como por mudanças nas formas de acumulação e dominação imperialistas que buscaram ampliar os laços de dependência na periferia latino-americana,[15] surgiram, sempre no âmbito da discussão teórica sobre desenvolvimento, as contribuições da teoria marxista da dependên-

---

simplistas e insatisfatórias, os analistas têm ficado girando como mariposas em lâmpadas de luz. Parece evidente que o Estado, encarado como expressão imediata da pura dominação econômica de classe, não satisfaz as mentalidades menos simplistas. Porém, o maior risco de enganação na caracterização do Estado nas sociedades latino-americanas parece estar no outro extremo: considerá-lo o protetor de todas as classes" (Cardoso, 1972, p. 237). Vejam-se, também, Torres Rivas (1987), Alvarez Béjar (1976), Fiori (1990a, 1990b, 2020), Oliveira (2003), Marini (1999) e Osorio (2000).

[15] A ascensão dos Estados Unidos à condição de potência hegemônica e a consolidação dos blocos capitalista e socialista em disputa no período pós-Segunda Guerra Mundial, conhecido como Guerra Fria, fizeram parte de um contexto em que iniciativas como a Aliança para o Progresso foram expressão da investida estadunidense em aprofundar laços de dependência com a América Latina.

cia. Autores como Ruy Mauro Marini,[16] Theotonio dos Santos[17] e Vânia Bambirra,[18] ligados ao Centro de Estudos Socioeconômicos da Universidade do Chile, críticos das concepções marxistas ortodoxas e cepalinas sobre o desenvolvimento capitalista da região, e conscientes de que a periferia capitalista não pode ser compreendida sem uma referência direta ao papel dos monopólios na escala global, retomaram, por meio do conceito de dependência,[19] o referencial leninista do imperialismo, mas na perspectiva do proletariado do país dependente.

Para os referidos autores, de modo geral, a possibilidade de desenvolvimento da região só seria possível por meio de uma ruptura com a cadeia imperialista mundial e com as relações de produção capitalistas, a partir de uma revolução de caráter socialista. Se o estruturalismo cepalino se caracterizou por presumir uma certa autonomia nacional com relação à dinâmica do mercado mundial para alcançar o desenvolvimento, esta escola centrou-se no caráter dependente das sociedades latino-americanas, bem como na crítica ao marxismo ortodoxo relativa às pretensas capacidade e interesse das burguesias latino-americanas de apresentar projetos nacionais de desenvolvimento capitalista autônomo, que implicaria na ruptura dos seus laços com os interesses das potências imperialistas e na

---

[16] Veja-se Marini (2017). Obra publicada originalmente no México em 1969.

[17] Veja-se Santos (2011). Nesta obra, publicada originalmente em 1978, o autor reúne trabalhos anteriores, dentre os quais se destaca *Dependencia y cambio social*, de 1972.

[18] Veja-se Bambirra (2013). Esta obra, escrita originalmente em espanhol em 1970, foi publicada no Chile em 1972.

[19] A partir de meados da década de 1960 e início de 1970, a noção de dependência tornou-se de uso corrente nos estudos latino-americanos sobre o desenvolvimento capitalista na região – ainda que sob diversas abordagens e abarcando dentro de si controvérsias e polêmicas –, devendo ser ressaltados, neste campo, além das contribuições dos autores supramencionados, os aportes de André Gunder Frank, Aníbal Quijano, Fernando Henrique Cardoso, Florestan Fernandes, Octavio Ianni, dentre outros autores.

passagem ao socialismo. O objetivo principal da vertente em tela foi, assim, o de discutir a problemática do desenvolvimento na periferia a partir de uma situação condicionante de dependência imposta externamente e arraigada internamente, que só seria superada por meio de uma ruptura dos países latino-americanos em relação aos países desenvolvidos e aos centros imperialistas do sistema internacional, assim como de uma transformação radical de suas estruturas econômico-sociais dependentes – caso contrário, qualquer estratégia de desenvolvimento só conduziria a novas formas de capitalismo dependente.

Para os referidos teóricos marxistas da dependência, a questão do Estado nunca compareceu senão de forma indireta e dispersa nas suas elaborações fundacionais,[20] adotando-se de modo geral, assim como no pensamento político marxista da primeira metade do século XX, as perspectivas clássicas de viés instrumentalista e economicista sobre o assunto, sendo o Estado identificado com a máquina estatal e, esta última, por sua vez, com as classes dominantes que a operam em benefício do próprio interesse.[21] Segundo Mathias e Salama (1983), na corrente em tela os Estados são concebidos como entidades atemporais, captados de modo puramente externo (como subproduto da expansão do sistema interestatal capitalista),[22] e cujo acionar remete essencialmente aos interesses imbricados da grande burguesia transnacional e dos setores dominantes locais. Esse argumento é, por sua vez, reforçado por Lechner, ao afirmar que na vertente teórica em discussão

> a existência do Estado nacional é considerada como um fato historicamente dado e – do ponto de vista teórico – anterior à análise. Não é considerado que 'o fato é um fato' e que falta investigar a constituição do Estado na América Latina em mediação com

---

[20] Um estudo dedicado a identificar a noção de Estado presente nas obras de Marini, Santos e Bambirra pode ser encontrado em Bichir (2017).

[21] Veja-se Tzeiman (2018, 2019, 2021).

[22] Vejam-se, também, Carnoy (1984), Solís González (2016), Souza (2019).

> o desenvolvimento do capitalismo. Inconsciente do problema da articulação interna entre a estrutura econômica e sua organização política, o Estado é tomado pelo que aparece: a burocracia civil e militar. O Estado é visto ora como interlocutor nacional perante o capital estrangeiro, ora como fortaleza do capital estrangeiro para dominar o país. Em ambos os casos, o Estado é limitado e reificado em aparelho estatal. O Estado não é analisado como uma esfera social, reduzindo-o, assim, a mero instrumento, e cuja racionalidade motriz não pode ser especificada em virtude da falta de 'tradução' entre a estrutura econômica (processo de acumulação em escala mundial) e a estrutura de classes. (Lechner, 1977, p. 108)

A despeito das valiosas contribuições para a discussão à época sobre o desenvolvimento capitalista na região, ou mesmo, na contemporaneidade, sobre a problemática do Estado dependente,[23] fica, assim, retratado, nas palavras de Lechner, que a perspectiva de Estado adotada pela escola marxista da dependência, ou por alguns dos autores dessa corrente, na fase de sua constituição, parece ter contribuído modestamente com a possibilidade de uma teorização mais aprofundada a respeito da questão estatal na periferia latino--americana. Como reação aos antecedentes teóricos de modo geral aqui apresentados, teve lugar, nas décadas de 1970 e 1980, uma renovação do debate sobre o Estado, cujos rumos tratamos na seção a seguir.

Uma renovada reflexão sobre o Estado e a questão de suas condições constitutivas

Como já expresso inicialmente, no presente capítulo, a partir da década de 1960, de forma paralela às formulações da teoria marxista da dependência, a teoria marxista do Estado e a política na América Latina estavam passando por reformulações e novos debates em diferentes círculos intelectuais dos países centrais, principalmente a partir das contribuições de Althusser e Poulantzas e dos desdobra-

---

[23] Fazemos referência, aqui, principalmente, aos estudos de Osorio (2014a, 2014b).

mentos em termos de debate com outros autores. Com essa renovação da discussão sobre o Estado capitalista tentava-se dar conta de um fenômeno complexo, que havia adquirido novos contornos desde as primeiras experiências históricas à luz das quais os clássicos do marxismo haviam formulado suas contribuições. Tendo em vista essas reformulações teóricas que rapidamente tiveram ressonância nos "cientistas sociais latino-americanos",[24] surgiu, a partir da década de 1970, toda uma literatura sobre o Estado vinculada à problemática da inserção dependente da região na etapa de acumulação do capitalismo monopolista garantida pelo conjunto dos regimes ditatoriais que se impuseram na maioria dos países. Tal literatura, apesar da diversidade de experiências nacionais e em defesa de grandes sínteses explicativas, propôs sua teorização, com referência sistemática à sociedade civil e ao sistema interestatal capitalista dos quais esse Estado é parte (O'Donnell, 1978).[25]

Tal como ficou retratado nas subseções anteriores, ora sob o paradigma liberal, ora sob o paradigma marxista, na autóctone reflexão social latino-americana sobre a questão do desenvolvimento na região, o fenômeno dominante na análise do Estado tem sido o da estrutura e das funções do aparelho estatal. Sempre se fez presente no pensamento social do continente uma concepção demasiado estreita do que é o Estado, limitando-a ao conjunto de instituições.

---

[24] Valemo-nos, aqui, da categoria idealizada por Rodríguez para referir-se aos intelectuais dedicados "à pesquisa dos processos históricos e atuais das sociedades da região desde um ponto de vista crítico", (Rodríguez, 1983, p. 94-95). Sobre a intelectualidade latino-americana, veja-se, também, Kaplan (1973). Sobre a disseminação do marxismo e do pensamento de Gramsci, Althusser e Poulantzas na região, vejam-se, por exemplo, Löwy (2003), Aricó (1988), Coutinho e Nogueira (1988), Rodríguez Arriagada e Starcenbaum (2017), Ortega Reyna (2017), Ípola (1980).

[25] Cabe acrescentar aqui que, à época, a construção do Estado socialista em Cuba também "deu lugar a novas colocações teórico-práticas, algumas de caráter mais ou menos local, e outras aplicáveis à construção do Estado em países de origem colonial ou neocolonial" (González Casanova, 1990, p. 15).

O Estado não foi indagado de forma mais ampla, remetendo-o às sociedades nacional e internacional das quais é expressão. Dessa forma, cabe trazer aqui o argumento de O'Donnell, de que "não há teorização válida acerca do Estado desvinculada de uma teorização da sociedade. Como poderia se dizer algo acerca do Estado sem uma referência sistêmica, por exemplo, à estrutura de classes ou à disseminação do capitalismo em nossos países?" (O'Donnell, 1977a, p. 109).[26] Em igual sentido, Cueva expressou que tal teorização se faz necessária em virtude de o Estado ser "resultado tanto de um específico desenvolvimento interno como do lugar que cada formação ocupa no seio do sistema imperialista" (Cueva, 2012, p. 145).

Tanto nas vertentes da modernização e do estruturalismo cepalino como na escola marxista da dependência, como já visto, o Estado sempre tem sido concebido como algo dado, ou diluído no "conjunto de instituições" ou compreendido como mero instrumento de dominação de classe, tornando-se, assim, uma "categoria residual" (Lechner, 1981b, p. 7). Da mesma forma, em referência ao assunto, De Riz (1980, p. 441) adverte sobre a "imprecisão dos conceitos utilizados",[27] e Fiori (1990a, 1990b) refere-se à "opacidade analítica do Estado". Assim será no período sob estudo que se operou, nas palavras de González Casanova (1990, p. 16), "a descoberta da sociedade civil por trás do Estado e do Estado por trás do sistema ou regime político", no contexto mais amplo das relações externas de dominação a que a América Latina estava sujeita.

Como alertou Rojas (1981), existe uma "forma Estado" por meio da qual a sociedade capitalista se produz e reproduz a si mesma, garantindo as condições de exploração do trabalho pelo capital, independentemente da materialidade institucional específica ou do regime político em vigor numa conjuntura histórica dada.[28] No

---

[26] Veja-se, também, O'Donnell (1977c, 1978) e Oszlak (1981).
[27] Vejam-se, também, De Riz (1977a, 1977b).
[28] Veja-se, também, Lechner (1981a).

mesmo sentido, Cardoso e Faletto (1977) também afirmaram que as perguntas sobre a natureza do Estado na região devem direcionar--se, fundamentalmente, para sua base social de sustentação, base essa que, por sua vez, contribuirá a explicar o caráter de classe e dependente, comum aos Estados nas formações sociais da periferia latino-americana.[29] Em outras palavras, o Estado na América Latina deveria ser pensado, segundo Cueva (1980), desde a complexidade e a diversidade de condições ou determinações próprias e recíprocas que emergem do desenvolvimento capitalista desigual e combinado do continente, e que se expressam e se desenvolvem por meio da luta de classes na formação social concreta.[30] Foi justamente o apelo à necessidade de o Estado ser investigado, discutido e problematizado que, nas décadas de 1970 e 1980,[31] congregou estudos como os de Cueva (1980, 2012), Evers (1989), Zavaleta Mercado (2011b, 2011c) e Lechner (1977), propondo uma discussão do Estado latino-americano no âmbito "do particular", julgando-se ser possível captar, nesse âmbito, o específico da questão estatal na região.

Em defesa de grandes sínteses explicativas que se contrapusessem à "excessiva submissão da reflexão teórica [latino-americana]

---

[29] Veja-se, também, Faletto (1989).

[30] Num trabalho de 1970, Vasconi (1970) já advertia acerca da necessidade de pensar os aspectos singulares do Estado da região decorrentes da condição dependente das formações sociais latino-americanas. Uma contribuição nossa ao tema pode ser encontrada em Medeiros e Granato (2019).

[31] Cabe ressaltar que, durante essas décadas, no âmbito do Conselho Latino--americano de Ciências Sociais (Clacso), criado em 1967, funcionaram grupos de trabalho dedicados ao assunto, o que permite vislumbrar a relevância que a temática havia adquirido em certos círculos intelectuais da região. Em 1975 foi criado, em Quito, o Grupo de Trabalho sobre o Estado, com sede em Buenos Aires e sob a liderança de Guillermo O'Donnell, que funcionou até 1978, ano esse em que se optou pela criação de dois novos grupos de trabalho: o de Teoria do Estado, a cargo de Norbert Lechner, e o de Burocracia e Políticas Públicas, sob a coordenação de Oscar Oszlak. A questão do Estado também se fez presente no Grupo de Trabalho de Estudos sobre a Dependência. Veja-se, a respeito desse último assunto, Durand Ponte (1977).

às preocupações estratégicas" (Fiori, 1990a, 1990b), emergiram, assim, nas referidas décadas, diferentes esforços de teorização e de periodização[32] do Estado latino-americano, sem conseguir, contudo, formular uma verdadeira teoria do Estado da periferia (Evers, 1989, p. 11). Tais esforços debruçaram-se sobre questões referentes ao específico do Estado nos países da América Latina, no nível de abstração teórica "do particular" – sendo "o universal" o que existe em comum a qualquer Estado de tipo capitalista, e sendo "o singular" o que remete às determinações histórico-estruturais do Estado numa formação social dada. A tarefa consistia, portanto, nas palavras de Bagú, em "descobrir no hondurenho aquilo que sem deixar de ser hondurenho é, também, latino-americano" (Bagú, 1977, p. 316).[33]

Neste campo de estudos, a tendência regional tem sido, em função do caráter capitalista das sociedades latino-americanas, a de transpor os pressupostos da teoria geral do Estado capitalista, elaborada com base no desenvolvimento social dos países centrais, de modo que tal teoria possa explicar a variante periférica do Estado capitalista no continente.[34] Em virtude de uma reflexão aprofundada sobre o não cumprimento na periferia capitalista dos pressupostos da

---

[32] Para uma periodização histórica do fenômeno estatal na região veja-se o terceiro capítulo deste livro.

[33] Segundo Cueva (1980), a forma assumida pelo Estado periférico não pode ser deduzida a partir do universal (em que o Estado capitalista é concebido como uma abstração de caráter a-histórico e indeterminado), mas a partir do particular e do singular, os quais remetem às condições ou determinações histórico-estruturais dos países latino-americanos ou de uma formação social dada, respectivamente.

[34] Esse quadro se replica em relação a categorias como as de classes sociais e de hegemonia. Em decorrência disso, teve lugar na região a realização de três importantes seminários que congregaram acadêmicos latino-americanos e europeus orientados a discutir o problema da conceituação das classes sociais e da hegemonia e sua aplicação na América Latina. Os seminários tiveram lugar em Mérida (México), em 1971, em Oaxaca (México), em 1973, e em Morelia (México), em 1980. As contribuições aos seminários podem ser encontradas em Benítez Zenteno (1977a, 1977b) e Labastida Martín del Campo (1985).

referida teoria geral, os esforços supramencionados buscaram centrar os olhares na discussão teórica sobre a natureza do Estado latino--americano, partindo da análise das estruturas socioeconômicas das quais esse Estado não é mais do que expressão – é ali que são encontradas suas determinações. Como expressou O'Donnell (1977a), os esforços que não passam de teorizar sobre um Estado capitalista excessivamente abstrato correm o risco de acabar outorgando ao Estado latino-americano certas características como "dadas", sendo que estas deveriam ser problematizadas e corroboradas.[35]

Com base em Zavaleta Mercado (2011d), é fundamental registrar, também, que apesar de não existir um único problema na América Latina não relacionado com o seu caráter dependente que emerge do lugar ocupado por esse continente no sistema interestatal capitalista, nenhum deles pode ser discutido sem se abordar, de forma mais ampla, os padrões históricos constitutivos das sociedades na região, dentre os quais a inserção dependente é tão somente um dos aspectos. Assim, a partir das considerações teóricas precedentes, passaremos, no que segue, a discutir os significados atribuídos pela literatura objeto deste capítulo às condições constitutivas do Estado latino-americano, como parte de uma reflexão maior voltada a desvendar o caráter sócio-histórico do estatal nas sociedades da região.[36]

---

[35] No mesmo sentido, com relação às tentativas de "deduzir" o Estado na América Latina de uma teoria geral do Estado capitalista, Lechner enfatiza que, nesses casos, entre "referencial teórico" e "análise empírica" haverá sempre um vazio, em virtude da falta de categorias elaboradas com base no processo histórico específico. Além do mais, segundo o autor, tais tentativas não contribuem na falsa divergência entre um estudo teórico do Estado capitalista como "modelo" (sob perspectiva eurocêntrica) e o estudo empírico do Estado latino--americano como "caso desviado" (Lechner, 1977, p. 18). Veja-se, também, Cueva (1981).

[36] Com o termo "condições constitutivas" estamos nos referindo à inserção dependente no mercado mundial e à heterogeneidade estrutural que caracterizaram historicamente as sociedades latino-americanas. Temas como a relação entre democracia e desenvolvimento ou o papel do Estado nas fases de transição e de instauração do desenvolvimento capitalista periférico, ain-

Inicialmente, antes de adentrarmos no tratamento das referidas condições constitutivas do Estado latino-americano, cabe formular, algumas advertências acerca do caráter dependente do capitalismo na América Latina, ou, em outras palavras, da forma particular por meio da qual o desenvolvimento capitalista é concretizado na região. Importa, assim, registrar que o elemento constitutivo que define o capitalismo periférico é a sua gênese histórica derivada; em outras palavras, enquanto nos países europeus a história do desenvolvimento do capitalismo é correlato à sua expansão em escala mundial, nos países "periféricos", como os latino-americanos, ele apareceu como uma derivação da referida expansão. Com base em uma específica divisão internacional do trabalho, os países periféricos desenvolveram historicamente funções que, enquanto os mantinham desprovidos de estruturas produtivas articuladas, contribuíram para afiançar e acelerar a acumulação genuína de capital no centro capitalista. Trata-se aqui do desenvolvimento desigual e combinado do sistema capitalista. Nesse sentido, como alertou Cueva (1980), ainda que o modo de produção capitalista na periferia latino-americana esteja regido por leis objetivas de acumulação, concentração e centralização do capital – e, portanto, de monopolização – (iguais para países centrais e periféricos), isso não autoriza concluir que o desenvolvimento do capitalismo na região latino-americana aconteça e se reproduza da mesma maneira como sucede nos países centrais. A América Latina compartilha, como "região" – ainda que sem deixar de reconhecer a diversidade de experiências nacionais –, de uma problemática "comum", a condição histórica dependente, que a atravessa tanto externa como internamente, e que remete à primeira das condições constitutivas de que iremos tratar a seguir.

---

da que esse último em menor medida, também fizeram parte do debate no período sob estudo.

Inserção dependente no mercado mundial
e a heterogeneidade estrutural

A condição referente à inserção dependente no mercado mundial remete ao fato de os elementos essenciais de produção e reprodução das economias periféricas passarem pelos mecanismos do mercado mundial, ficando, assim, submetidos aos interesses econômicos de aproveitamento e de controle político das classes dominantes dos países centrais (Evers, 1989). Foi esse interesse de "aproveitamento" por parte das metrópoles que impulsionou, originalmente, a incorporação violenta e desigual dos países "atrasados" – periféricos – no capitalismo mundial, e que vem determinando o desenvolvimento desses países até os dias atuais.

Na base desta subordinada inserção no mercado mundial está a exportação de matérias-primas que encadeiam a periferia ao centro. As estruturas de produção criadas na periferia implicam que o excedente nos países da região consista em matérias-primas de origem agrária para as quais há pouca demanda local, de forma tal que grande parte desses produtos seja destinada a países de industrialização avançada, possibilitando, em contrapartida, a importação de bens manufaturados que não são produzidos na periferia. Assim, segundo Evers (1989), é por meio da forma material do excedente dos países subdesenvolvidos que o contexto de intercâmbio com os países centrais é imposto, passando pelo mercado mundial.

Contudo, cabe esclarecer que essa "dependência" do mercado mundial não constitui, para o autor referenciado, uma mera imposição externa às sociedades latino-americanas, mas, antes, é a própria ordem social interna que, ainda que de forma contraditória e não linear, se transforma em "nexo" com o mercado mundial, decidindo, assim, sobre possíveis alternativas de articulação ou de ruptura – afinal, ainda que existam limites ou condicionantes externos, as sociedades periféricas não estariam condenadas a cumprir uma lei inexorável da história; sempre haveria uma margem de manobra.[37] Esta observação pode ser entendida, em parte, como uma forma de resistir às argumentações de caráter mais determinista dos teóricos marxistas da dependência. Nesse sentido, resultam também elucidativas as contribuições de Cardoso (1971), quem afirmou a necessidade de pesquisar as forças sociais articuladas por meio do Estado, que podem optar por negar ou superar a condição de dependência do país periférico, assim como a de Zavaleta Mercado, que, ao tratar sobre os movimentos contraditórios entre fluxo e emissão dos centros mundiais para a periferia, expressou:

> sem dúvida, se algo pode ser corroborado certamente é que os movimentos e as conjunturas dos centros econômicos [...] atuam em decorrência de certos reflexos ou derivações que devem produzir efeitos na periferia a eles vinculada. [...] O que interessa, em definitivo, é definir qual o grau de autodeterminação que a história nacional pode ter, ou seja, quais as condições em que se produz um processo autodeterminativo. (Zavaleta Mercado, 2011d, p. 561)[38]

Junto à inserção dependente no mercado mundial, a literatura sob análise também traz a questão da heterogeneidade estrutural das sociedades do continente como condição constitutiva do Estado na América Latina. Segundo Evers (1989), nas sociedades latino-americanas, historicamente, o modo de produção capitalista chegou

---

[37] No mesmo sentido, como diz Fernandes (1980, p. 62), "é falsa a ideia de que a história se faz, que ela se determina automaticamente. A história é feita coletivamente pelos homens e, sob o capitalismo, através de conflitos de classe de alcance local, regional, nacional e mundial". Por sua parte, Kaplan também assinalou que em certas conjunturas internacionais podem ser criadas "oportunidades e opções que os grupos governantes hegemônicos dos países latino-americanos podem vir a aproveitar de diferentes formas para a obtenção de uma maior margem de independência e de capacidade de decisão autônoma, assim como para tentar alterar em graus variáveis a orientação e configuração das suas políticas internas e externas" (Kaplan, 1978, p. 814).

[38] Vejam-se, no mesmo sentido, Fernandes (1973), Jaguaribe (1973), Puig (1980), Hamilton (1981), Graciarena (1990, 2004) e Cardoso (1993).

a ser o dominante, mas não o único. Em amplos segmentos das referidas formações têm existido formas não capitalistas de produção, decorrentes da forma histórica de penetração capitalista nas regiões periféricas do mundo. Como alerta Cueva (1980), o grau de penetração das relações capitalistas, longe de ser parelho em todos os setores do sistema mundial, é marcadamente desigual. A coexistência de formas produtivas "modernas" e "tradicionais",[39] e a existência de um baixo grau de integração econômica do território nacional, assim como de uma estrutura social desequilibrada,[40] são algumas das características históricas de "formações sociais abigarradas", nos termos de Zavaleta Mercado,[41] ou de sociedades sem uma "práxis social comum", nos termos de Lechner (1977, p. 20), perpassadas por este fenômeno da heterogeneidade estrutural.

O quadro em questão remete também ao papel dos grupos e interesses das metrópoles (materializados na periferia em filiais comerciais, indústrias, bancos etc.), em torno dos quais foram se organizando, de forma concêntrica, as estruturas socioeconômicas das sociedades latino-americanas. Como ensina Evers (1989), as "funções" produtivas da periferia e, no contexto dessas funções, sistemas estratificados de burguesias locais (fortes ou frágeis segun-

---

[39] Setores ou formas de organização pré-capitalistas, caducos ou marginalizados, nunca foram eliminados por completo. De fato, longe de serem meros elementos residuais, a penetração capitalista na periferia, alerta Evers (1989), tem precisado historicamente dessas massas marginais como "muletas" desse modo de desenvolvimento desigual e combinado.

[40] A referida característica remete à existência de uma complexa estratificação das classes dominantes, de formas abertas ou solapadas de dependência pessoal ou de trabalho servil, de produção de subsistência ao lado do trabalho assalariado tipicamente capitalista, e de "polos marginais", nos termos de Quijano (1968).

[41] Zavaleta Mercado cunhou o termo de "formação social abigarrada" para se referir às sociedades latino-americanas nas quais diversos modos de produção, estruturas de autoridade, tempos históricos, cosmovisões, línguas e culturas convivem de forma paralela, articulando-se tão somente de forma parcial e fragmentada. Vejam-se Zavaleta Mercado (2011e), Tapia (2010) e Medeiros e Granato (2018).

do a articulação com as classes dominantes metropolitanas) foram definidas por meio das diversas formas de penetração estrangeira e dos avanços científico-tecnológicos no centro capitalista. Segundo Lechner (1977), foi, em definitivo, em torno dos referidos interesses extrarregionais que, na periferia, vem sendo determinado o processo social na sua totalidade.[42]

Discutidas essas condições constitutivas das sociedades latino--americanas, vejamos, a seguir, qual a implicação das referidas condições históricas para a natureza, as características e as funções que o Estado assume na região.

O Estado periférico latino-americano

Se num dado país periférico a dinâmica de seu sistema produtivo só pode ser explicada levando-se em consideração a inserção dependente dessa formação social no mercado mundial, então isso significa que o conjunto socioeconômico do qual o Estado recebe suas determinações ou condicionantes abrange, além das estruturas do seu espaço ou território nacional, todas as conexões com o mercado mundial e demais estruturas correlatas dentro das metrópoles ligadas à atividade produtiva na periferia (Evers, 1989; Lechner, 1977). Se a "base" do Estado periférico não está integrada apenas pelo espaço econômico "nacional", mas antes por todo um conjunto socioeconômico mais amplo integrado ao mercado mundial, é possível afirmar que boa parte das determinações históricas se encontram fora do sistema produtivo circunscrito ao território nacional. Trata-se, assim, de um Estado que não pode ser definido, discutido ou problematizado com relação apenas ao seu contexto nacional.[43]

---

[42] Em termos semelhantes, Ianni (1971) retomou o problema da dependência, mas, dessa vez, nos termos de uma dependência estrutural, que abrange amplas dimensões culturais, ideológicas e científicas.

[43] Vejam-se Cardoso (1977), Lechner (1977), Zavaleta Mercado (2011d) e Kaplan (1987).

O anterior levou Evers (1989) a afirmar que os Estados na periferia, diferentemente daqueles do centro à luz dos quais foram construídas as formulações teóricas tradicionais do Estado capitalista, não têm, a rigor, uma sociedade "própria". Fica, assim, retratada a falta de correspondência entre base e superestrutura, a relação não recíproca entre o econômico e o político nas sociedades periféricas, questionando-se, no caso do Estado latino-americano, o pressuposto de todo e qualquer Estado "soberano" constituir a superestrutura de uma economia integrada ao território nacional e baseada em capitais autóctones.

Por sua vez, em termos de interesses de classe, a referida discrepância remete à estreita vinculação de alguns segmentos das classes dominantes locais com as frações das burguesias estrangeiras ligadas à vida econômica da periferia. Nas palavras de Evers (1989, p. 81),

> os 'interesses gerais' que se articulam no Estado constituem uma amálgama de interesses locais e estrangeiros; e, no conjunto das classes dominantes às que o Estado periférico representa como seu 'comitê político', na maioria das vezes as frações estrangeiras são precisamente as hegemônicas.

Trata-se de um Estado como elo entre as classes dominantes locais e estrangeiras. Contudo, importa ressaltar o fato de que as burguesias estrangeiras somente poderão influenciar a esfera política da sociedade periférica à medida que seus interesses se articulem localmente, em que contem com uma representação nacional,[44] por meio da qual tais interesses sejam transmitidos à materialidade institucional

---

[44] Segundo Evers (1989), são representantes locais das burguesias estrangeiras os agentes diretos de capital de propriedade estrangeira e as frações burguesas autóctones associadas, no caso de setores econômicos vinculados ao mercado mundial em mãos de capitais locais. Outros setores mais débeis da burguesia local também aderem a este núcleo como forças auxiliares, em defesa do modo de inserção dependente. Em definitivo, nas palavras de Zavaleta Mercado (2011c), as burguesias locais nunca logram referir-se a si mesmas, precisando acomodar-se à iniciativa de setores produtivos que têm a própria margem de autorreferência num outro país.

dos aparelhos estatais no qual serão processados, traduzidos,[45] conforme a lógica e dinâmica próprias. Isso pode ser explicado da seguinte maneira: ainda que os contextos produtivos nacionais na periferia constituam subsistemas – no sentido de que sua dinâmica é secundária com relação ao mercado mundial, já no caso dos Estados esse quadro muda em decorrência da autonomia relativa e lógica próprias que eles apresentam em cada cenário nacional – e com relação ao qual os constrangimentos externos são de caráter secundário. Ressaltamos, contudo, a relevância de atentar para as lutas sociais que se articulam no Estado, pois serão essas correlações de forças que contribuirão para explicar o caráter mais ou menos dependente assumido por um determinado país num período dado.[46]

Como exposto anteriormente, nos países periféricos em que a superioridade econômico-financeira, tecnológica e militar do centro capitalista tem um peso decisivo, a pressão das burguesias estrangeiras pela via da representação local vai tornando as estruturas estatais – ainda que, como dito, não de forma mecânica – cada vez mais permeáveis aos seus interesses. O Estado periférico, frágil para fora, sem poder controlar as bases econômicas das referidas burguesias estrangeiras que estão fora do seu alcance político, mostra-se vulnerável perante os interesses metropolitanos. Diante desse quadro, segundo Evers (1989), resta ao Estado dependente tentar influenciar o modo concreto de articulação das burguesias metropolitanas com as suas representações locais, por meio do controle das atividades econômicas desenvolvidas no território nacional. Entretanto, na medida em

---

[45] Com os termos "processar" e "traduzir", queremos representar a ideia de que o Estado não traduz mecanicamente os interesses de classe, mas antes os reelabora em função da sua autonomia relativa com relação às classes ou grupos sociais, dominantes e populares. Ressaltamos o caráter de unidade global do Estado, resultado de inter-relações entre as forças sociais que o constituem e o atravessam, assim como o seu caráter constitutivo da sociedade como tal, dotado de qualidades e dinâmicas próprias.

[46] Vejam-se Cardoso e Faletto (1973, 1977).

que o Estado assume o papel de articulador interno dos interesses externos frente à parte interna do grande universo socioeconômico, a "superioridade metropolitana" o capacita para atuar com mais força, mostrando-se forte internamente. Nas palavras de Evers:

> enquanto uma política estatal estiver de acordo com os respectivos interesses metropolitanos com relação a um espaço econômico periférico, receberá a 'aprovação' dos expoentes máximos das doutrinas econômicas dominantes e das agências financeiras internacionais, abrir-se-ão as linhas de crédito oficiais – que representam o sinal verde para os investimentos privados estrangeiros, acompanhadas, por sua vez, por projetos e missões de 'ajuda' técnica e militar. Internamente, tal política não suscitará a menor resistência em virtude dos grandes interesses em cena, que, pelo contrário, oferecem seu apoio econômico e financeiro, e aproveitará o poder do fático para legitimar-se como 'pragmática'. (Evers, 1989, p. 85)

O argumento anterior também foi colocado de forma semelhante por Zavaleta Mercado (2011c), ao afirmar que o paradoxal da penetração das forças metropolitanas na periferia é que tal penetração, além da subordinação dos países da região, também iria acompanhada da "modernização" de certos aspectos estatais, nas suas ordens repressiva e ideológica. Esse processo outorgaria ao Estado na América Latina uma capacidade conservadora mais elevada, configurando-se aquilo que o autor chamou de "modernização do próprio tipo de exploração imperialista". Contudo, entendemos que os raciocínios precedentes devem ser complementados com a reflexão de Lechner (1977), para quem, devido à implantação incompleta das formas capitalistas de produção, o Estado periférico tem sido historicamente obrigado a atuar como forma diretamente econômica, seja na extração da mais-valia no setor não capitalista, seja como capitalista particular, suprindo a falta de uma autêntica burguesia nacional (em outras palavras, de uma fração do capital de origem doméstica que, com uma base de acumulação própria, impulsionasse e defendesse o mercado interno). O autor está fazendo referência aqui ao caráter produtivo do Estado nas sociedades da região, ou, em outras palavras, ao fenômeno estatal como ativa força produtiva.[47] O Estado latino-americano tem, portanto, função econômica produtiva. Devido ao fato de o processo econômico na periferia ter demandado historicamente a tutela política, imprimindo ao político um papel dirigente (Sonntag, 1974), o Estado tem se apresentado, em aparência, forte e autônomo, ainda que, de fato, suas possibilidades reais de intervenção sempre tenham se revelado limitadas e subordinadas aos ciclos do capital internacional.

Eis aqui, também, um elemento-chave para tentar explicar o paradoxal, ambíguo e contraditório do Estado periférico, que se apresenta como "forte" para dentro (processando os interesses externos que se fazem presentes por meio das burguesias locais) e "frágil" para fora (formalmente soberano, mas, de fato, orgânica e estruturalmente dependente).[48] Nos termos de Plá (1987), estamos fazendo aqui referência a uma ambiguidade que não é mais do que expressão

---

[47] Esse assunto remete à questão de quem cria quem, no sentido de que há situações históricas nas quais o Estado é criado pela sociedade (ou a nação), e há outras nas quais a sociedade parece se originar da força produtiva do Estado, como parece ser o caso da América Latina. No caso deste continente, "a tarefa de unificação nacional empreendida pelo Estado, cuja configuração burguesa não está ainda definida, faz do Estado uma instância que se antecipa às outras, organiza a sociedade, cria as classes, particularmente a burguesia, precede à Nação", afirma Bruit (1985, p. 12). Aricó (1982, 1988) também já vislumbrou o papel central do Estado na conformação e desenvolvimento históricos das sociedades latino-americanas, diferentemente da experiência europeia com base na qual Marx formulou suas observações, e onde o peso genético correspondeu à sociedade. Com relação ainda à experiência latino-americana, Cueva (1980) chegou a chamar o Estado de "real protuberância política", desmesuradamente importante com respeito à sociedade, e cuja força, como dito, é correlata à incapacidade de acumulação de capital por parte das burguesias dos países da região. Sobre o papel do estatal na América Latina, vejam-se, também Kaplan (1968a, 1968b), Cueva (1980), Torres Rivas (1981), Ianni (1988, 1990), Rubinstein (1989), Wolkmer (1990) e Graciarena (1990).

[48] Já afirmou Zavaleta Mercado (2011c) que qualquer que seja a forma com que o Estado periférico logre parecer-se com os Estados avançados, nele faltará sempre um elemento substancial que é a soberania, em virtude de que, ao não receber o fluxo econômico vital que deveria receber da sua base, deve optar

da "dupla alienação" do Estado latino-americano, a nacional e a estrangeira, que, sob condição do padrão de dominação dependente, remete, justamente, à fragilidade da instância jurídico-política interna frente à instância econômico-produtiva vinculada aos ditames da expansão do capitalismo internacional.

Por fim, a heterogeneidade estrutural, característica de suas sociedades, determina o Estado latino-americano na sua aparência burguesa de instância neutra e separada das classes sociais. "Sociedade e Estado não coincidem", afirma Lechner (1977, p. 37). Por sua parte, Cueva (1983, p. 43) também chama a atenção acerca da "pouca 'coerência orgânica' da sociedade em seu conjunto, e em particular de sua superestrutura política". Trata-se de um Estado descentrado da sociedade, de uma instância dirigente e separada das classes sociais. Novamente, o pressuposto de correspondência entre base e superestrutura da teoria geral vê-se aqui comprometido em função de que, na América Latina, a penetração e a generalização incompleta das relações capitalistas e uma estrutura de classes difusa não coadunam com a generalidade abstrata que o Estado periférico, constituído à imagem e semelhança do seu par europeu, pretende encarnar. O desenvolvimento desigual do capitalismo parece historicamente impedir as classes dominantes locais, inseridas na lógica externa do capital, de assumir a direção do processo social orientado à materialização do interesse geral em torno do qual aglutinar a sociedade (Lechner, 1977).

Ainda que num nível geral de abstração possamos afirmar que as formas estatais existentes na periferia constituem "Estados capitalistas", no nível do particular, analisadas no contexto das determinações histórico-estruturais aqui estudadas, as formas estatais na região se encontraram historicamente em fases desiguais de

---

sempre por operar em condições de associação subordinada aos capitais desenvolvidos, que predominam em diversos períodos históricos.

desenvolvimento com relação às estruturas socioeconômicas. Gera--se, assim, uma discrepância entre a forma estatal de generalidade e a sua base social heterogênea (Evers, 1989).

Esta base social fragmentada, dispersa, caracterizada pela falta de articulação de um, ainda que aparente, "povo-nação", gerou um movimento contraditório. De fato, enquanto era exigido o fortalecimento do Estado como elemento aglutinador e produtor da "sociedade", as suas próprias condições constitutivas dificultaram as possibilidades de esse Estado aparecer como "encarnando" o interesse geral, uma racionalidade comum (Lechner, 1977), um "eu coletivo" (Zavaleta Mercado, 2011f). Em virtude tanto da já mencionada histórica fragilidade das classes dominantes locais para consolidar sua hegemonia no âmbito da sociedade, assim como da "sobrecarga" de funções para garantir a reprodução capitalista na periferia,[49] a dimensão coercitiva do Estado e suas formas autoritárias têm prevalecido historicamente na região.[50]

No intuito de evitar que as múltiplas descontinuidades (inclusive culturais) e contradições acumuladas favoreçam eventuais rupturas revolucionárias, não tem sido por acaso que, perante a debilidade da classe dominante local, o Estado e o seu aparelho militar tenham se convertido no "baluarte" do sistema de hierarquias e desigualdades que historicamente prevaleceu nas sociedades latino--americanas.[51] Tampouco trata-se de mero azar que a sociedade civil e as próprias classes e grupos sociais pareçam ter sido configuradas a partir do próprio Estado, bem como que esse mesmo Estado tenha adquirido uma contextura ambígua, "deformada" nos termos de Aguirre (2018, p. 251), de quase simultânea fragilidade e fortaleza,

---

[49] Nos termos de Cueva (1980).

[50] Vejam-se Kaplan (1968a, 1968b, 1978, 1987), Lechner (1977), O'Donnell (1978), Cueva (1980, 2012), Zavaleta Mercado (2011b) e Aguirre (2018).

[51] Veja-se Cueva (1980, p. 35).

balanceando-se entre tais extremos, num estado de "crise permanente" (Cueva, 2012, p. 146).

Em síntese, tal como decorre dos principais argumentos aqui sistematizados, a realidade sócio-histórica dos Estados periféricos latino-americanos remete a princípios constitutivos das suas sociedades, de ordem interna e externa, que pressupõem condições não contempladas pela teoria geral. Da mesma maneira que a dimensão externa do Estado na América Latina apresenta uma incongruência entre seu princípio formal de Estado nacional soberano e uma inserção externa dependente, também a sua dimensão interna apresentou, historicamente, uma discrepância entre sua forma da generalidade abstrata e a heterogeneidade estrutural de suas bases sociais, que remete à falta de uma sociedade capitalista de classe coesa e plenamente desenvolvida. Foi possível, assim, a partir dos conceitos discutidos, apreender as especificidades do Estado na América Latina, a partir de uma perspectiva materialista e histórica.

À guisa de conclusão

Com base no presente trabalho, buscamos recuperar alguns aspectos de uma discussão teórico-conceitual acerca do Estado capitalista nas sociedades latino-americanas, no contexto de esforços contemporâneos que vêm apostando na elaboração de reflexões sobre o fenômeno estatal no âmbito latino-americano. Entendemos que o recorte escolhido, limitado à discussão das condições constitutivas do Estado na América Latina, não somente interessa como temática em si mesma, mas também remete, como visto, a importantes reivindicações teórico-metodológicas formuladas no contexto da renovação do debate das décadas de 1970 e 1980 na região.

O argumento da superação do reducionismo com que o Estado foi tradicionalmente tratado, por parte das principais correntes teóricas das ciências sociais da região, abriu as portas, como visto, para pensar e problematizar o Estado nas suas esferas menos visíveis, principalmente a que diz respeito à sua dimensão histórico-relacional, assim como aquela que inter-relaciona elementos de ordem interna e externa. Por sua vez, a referida problematização influenciou e foi influenciada por um questionamento acerca da validade dos pressupostos das formulações teóricas tradicionais do Estado para a análise do estatal nas sociedades da região, cujas condições constitutivas representam chaves explicativas do significado e particularidades do Estado latino-americano. Esperamos, por fim, que o aqui discutido contribua para construir futuros entendimentos sobre a trama complexa e contraditória de relações econômicas, políticas e ideológicas que perpassa a questão estatal na periferia latino-americana.

O ESTADO LATINO-AMERICANO: PERPASSAR HISTÓRICO

A partir da discussão teórica do capítulo anterior, propomos retratar, aqui, as diferentes formas assumidas pelo Estado na América Latina ao longo da sua história, nas diferentes etapas de desenvolvimento capitalista na região. Em sintonia com a referida discussão, o Estado é aqui entendido como um fenômeno complexo, como uma construção social, e não apenas a partir do aparelho de governo. O Estado é aqui compreendido de forma mais ampla, como uma relação de dominação entre classes e grupos sociais, materializada num conjunto de instituições que centraliza o exercício do poder político, e é influenciado pelas dinâmicas do sistema interestatal capitalista. Desse entendimento de Estado decorre uma abordagem que, no essencial, busca identificar a correlação de forças que perpassa as diversas configurações do estatal na região,[1] levando sempre em consideração a interface de fatores internos e externos.

As condições constitutivas do Estado latino-americano discutidas no capítulo anterior serviram como eixos norteadores na elaboração do presente capítulo. Se algum fator tem operado historicamente como unificador da diversidade de experiências e países

---

[1] Adotamos os critérios de periodização da esfera política previstos em Osorio (2014a). Além das configurações do bloco no poder e das correlações de forças entre dominantes e dominados, atentamos, também, para questões como projetos hegemônicos atuantes e formas de governo.

na América Latina após as independências, esse fator tem sido o da dependência externa. Por sua vez, a heterogeneidade estrutural das sociedades latino-americanas, na qual o capitalismo, implantado externamente, tem convivido e se adaptado a formas econômicas e culturais próprias de outros modos de produção presentes no continente, nos afasta dos modelos conhecidos do desenvolvimento capitalista da Europa ocidental. Assim, é a partir de tais condições ou determinações que buscamos construir uma leitura possível do percurso histórico das formas assumidas pelo Estado nas sociedades dependentes da região.

Por fim, cabe esclarecer que o presente capítulo foi elaborado a partir das experiências nacionais de países como Argentina, Brasil, Chile e México, essencialmente. Contudo, assumindo as limitações de todo estudo deste porte,[2] buscamos, sempre que possível, formular notas e esclarecimentos no intuito de moderar tais limitações. O texto inicia tratando do período colonial para, depois, nos debruçarmos na forma oligárquica do Estado, típica até os anos 1930. Na sequência, abordamos o fenômeno do Estado desenvolvimentista, que, com suas variedades e reformulações, vigorou até a década de 1980. Encerramos o texto com a discussão relativa ao que chamamos de Estado neoliberal dependente, em vigor a partir dos anos 1990.

O legado colonial

Ainda que o objeto desta obra remeta ao Estado nos países latino-americanos após os processos de independência política, ao fazermos nosso o entendimento de Fernandes (1973) acerca de que as sociedades da região são produto da expansão da "civilização

---

[2] Compartilhamos aqui o expressado por Wolkmer (1990, p. 76), no sentido de que "ainda que se construa uma teoria do 'Estado periférico latino-americano' a partir de determinados núcleos históricos similares e comuns, não se pode deixar de levar em conta a 'especificidade' do processo formativo dos diferentes 'modelos estatais'".

ocidental" (isto é, de um tipo moderno de colonialismo organizado e sistemático que teve início com a conquista e colonização ibero-lusitana),[3] não podemos iniciar esse capítulo sem abordar o período colonial, que corresponde à primeira das formas de dominação externa a que a América Latina se viu submetida. Estamos fazendo referência ao que Fernandes (1973) chamou de primeira fase da dominação externa, pautada de acordo com os requisitos econômicos, culturais e políticos do antigo sistema colonial, que representa, nos termos de Zavaleta Mercado (2011d; 2011e), um dos "momentos constitutivos" das sociedades latino-americanas. Afinal, como retratado em estudos como os de Kaplan (1974) e Moraga (1977), espoliadas de início dos seus recursos naturais mais acessíveis e, posteriormente, sujeitas à exploração agrária e mineira, com destino à metrópole, as colônias da América hispano-portuguesa foram orientadas segundo um modelo monoprodutivo exportador que, ao lado de um aparelho administrativo centralizado e um tipo de organização e cultura europeias, tiveram implicações durante todo o século XIX, com repercussões até os dias atuais. Isso é o que torna necessário, segundo Cueva (1983, p. 24), "começar pela recuperação do exato significado do fato colonial".

Segundo Kaplan (1974), a América Latina entrou na história universal sob o signo da relação de dependência, no sentido de que sua dinâmica global foi configurada, inicialmente, pelos interesses dos grupos dominantes da Espanha e de Portugal e, simultânea e crescentemente, pelos interesses das formas e forças capitalistas euro-ocidentais, assim como dos grupos dominantes (agropecuários, mercantis e financeiros) dos territórios coloniais. O traço da dependência também se relaciona, segundo o autor, com um desenvolvimento capitalista desigual e combinado que liga a região peri-

---

[3] Os primeiros grandes impérios europeus de além-mar foram construídos por Espanha e Portugal. Para um exame do Império espanhol e do seu equivalente português, veja-se Kaplan (1974).

O ESTADO LATINO-AMERICANO

férica a países que gozam de um grau superior de desenvolvimento, privando-a da possibilidade de um desenvolvimento capitalista autônomo.[4] Afinal, como afirma Kaplan (1974, p. 54), "as sociedades latino-americanas serão desde o início dependentes e subdesenvolvidas, mas não feudais", sendo a penetração do processo capitalista mundial nos territórios latino-americanos o que veio a aprofundar, de fato, a brecha que os separa dos países de capitalismo avançado.[5]

Ainda no século XVIII, o modelo produtivo dominante na região estava diretamente ligado ao capitalismo mercantil-financeiro, no sentido de que sua implantação respondia à expansão capitalista mundial, caracterizada pela revolução comercial e pelo predomínio da produção em grande escala para venda e lucros.[6] Tal modo de produção dominante nas colônias deu forma, segundo Moraga (1977), ao mosaico populacional. Associado à aristocracia criada pela Coroa, o referido mosaico constituiu a estrutura de classes característica nesses territórios. Tal estrutura, além da aristocracia, esteve integrada por proprietários de terras (futura oligarquia

---

[4] No mesmo sentido, afirma Cueva (1983, p. 24), "se a colonização da América Latina está relacionada com algum movimento fundamental da história, esse movimento é a acumulação primitiva em escala mundial, entendida como um processo que, além de implicar a acumulação sem precedentes em um dos polos do sistema, supõe necessariamente a desacumulação, também sem precedentes, no outro extremo". Assim, o período de acumulação primitiva necessário à consolidação do capitalismo na Europa corresponde, na América Latina, a um período de desacumulação primitiva operada por meio da expropriação de riquezas (pilhagem), exportação de superlucros e intercâmbio desigual.

[5] Para mais informações sobre a discussão relativa ao caráter feudal ou capitalista da sociedade colonial latino-americana, já mencionada, inclusive, no capítulo anterior, veja-se o número 40 (1973) da revista *Cuadernos de Pasado y Presente* (Córdoba, Argentina), com contribuições de Carlos S. Assadourian, Ciro F. S. Cardoso, Horacio Ciafardini, Juan Carlos Garavaglia e Ernesto Laclau.

[6] Como diz Kaplan (1974, p. 54), a dominação e a espoliação estiveram motivadas "pelas necessidades de produção, comércio, acumulação e investimento dos países capitalistas avançados e do novo sistema internacional em marcha". Vejam-se, também, Furtado (1970), Marx e Engels (1972).

monoexportadora, que proclamará as independências e dissolverá a aristocracia); intermediários comerciais (base do capital comercial-financeiro latino-americano); classe média urbana (que inclui grupos burocráticos, civil, militar e religioso a serviço da Coroa; pequena burguesia proprietária e empregada) e as classes populares (desde brancos, mestiços e indígenas até mulatos e negros, sujeitos a diferentes formas de exploração e escravidão em função das especificidades étnicas).[7]

Toda essa configuração socioeconômica,[8] refratária de um esquema no qual eram impostos os interesses da Coroa e dos grupos metropolitanos e coloniais dominantes por ela representados, desenvolveu-se sob a égide do aparelho administrativo colonial – de caráter frágil, se comparado com o Estado nacional centralizado da Europa, construído em oposição a um Estado feudal pré-existente. Tal máquina burocrática (que compreendia órgãos dos próprios governos centrais metropolitanos, assim como uma rede de órgãos locais decorrentes do transplante de instituições peninsulares), buscava controlar o regime de exploração interna,[9] garantir a centralização e monopolização comercial externa e consolidar a ocupação territorial e o sistema urbano, no contexto da referida correlação de forças e interesses. Já desde meados do século XIX, quando o capitalismo mundial passou da sua fase mercantil-financeira à fase industrial, as

---

[7] Classes populares essas que constituíram, segundo Moraga (1977, p. 38), um "mosaico heterogêneo de raças e níveis sociais que não apresentará qualquer coesão social e muito menos política, até bem dentro do século XIX". Para mais informações, veja-se, também, Kaplan (1974).

[8] Não iremos nos deter, aqui, nas diferenças entre as configurações específicas decorrentes da colonização de um ou de outro império, pois os sistemas coloniais de ambos os impérios compartilharam dos aspectos essenciais aqui relatados, ainda que com variações específicas.

[9] Não podemos deixar de ressaltar a manutenção de formas de trabalho compulsório como função social precisa desempenhada pelo Estado colonial, neste período. Com relação ao caso emblemático do Estado escravista moderno no Brasil, veja-se Saes (1985).

O ESTADO LATINO-AMERICANO

economias metropolitanas encontravam-se em decadência financeira e militar e o mercado internacionalizou-se definitivamente. Desse modo, as colônias foram reconhecendo na Grã-Bretanha, em plena expansão interna e mundial, a nação mais dinâmica do sistema interestatal capitalista.[10]

Assim, sob as influências externas britânicas à procura de um livre câmbio sem condições (que colidia com o monopólio imperial americano em benefício de grupos espanhóis e portugueses),[11] bem como da hegemonia de "grupos crioulos – latifundiários, comerciantes, intelectuais e profissionais – cada vez mais interessados no livre câmbio e na autodeterminação política" (Kaplan, 1974, p. 94),[12] os processos de ruptura do pacto colonial, de desintegração continental e de independência política formal foram se processando, ainda que de modo lento e contraditório.[13] Por volta da década de 1820,

---

[10] Cabe esclarecer que a revolução industrial que caracterizou esta nova fase concorrencial do capitalismo mundial começou na Grã-Bretanha e irradiou-se para países como França, Alemanha, Estados Unidos e Japão, tornando-se o mercado internacional mais competitivo.

[11] Entretanto, resulta interessante esclarecer que a ação britânica nunca foi monolítica, tendo sido registradas, durante o período, diversas divisões, rivalidades e divergências entre o governo inglês, os grupos metropolitanos e locais, assim como dentro de cada um desses (Kaplan, 1974).

[12] Nos termos de Kaplan (1974, p. 106), "o eixo dos conflitos se estabelece e opera através da luta entre a metrópole e a classe dominante colonial e em função dos problemas do monopólio mercantil e de uma fiscalização voraz e opressiva. A classe dominante colonial começa a deixar de se identificar com a metrópole, de representá-la e de defender seus interesses".

[13] Muitas sociedades, incluída a brasileira, conseguiram consolidar sua unidade nacional sobre a base geográfica inicial. Já outras, como as centro-americanas, iniciaram sua vida independente como uma entidade unificada, a República Federal da América Central, para depois passar pela fragmentação decorrente de "toda sorte de manifestações 'regionalistas' e 'caudilhistas'" (Cueva, 1983, p. 51). Como ressalta Torres Rivas (1977), na América Central não houve guerras de independência como na América do Sul. Segundo o autor, a guerra civil entre grupos liberais e conservadores não foi anterior, mas posterior ao ato político pelo qual a Capitania Geral do Reino de Guatemala se converteu na antes mencionada República Federal. Veja-se, também, Torres Rivas (1974).

surgiram os novos Estados nacionais emergentes, mas cuja marca de origem continuou a ser, sob novas roupagens, a da dependência econômico-financeira externa. Eis, aqui, segundo Fernandes (1973), o segundo tipo de dominação externa a que América Latina se viu submetida, que surgiu como produto da desagregação do antigo sistema colonial.

Segundo Moraga,

> quando o continente latino-americano se insere plenamente no concerto mundial, as nações-chave do capitalismo já concluíram a sua Revolução Industrial e possuem tudo o que é necessário para subordinar os novos Estados, sem necessidade de manterem um aparelho administrativo e militar como o espanhol: capital financeiro, produção industrial, um mercado estruturado e ambicioso de matérias-primas e toda a infraestrutura para o transporte e a comercialização. Frente a essas nações, os Estados nascentes não só dispõem de um aparelho produtivo fundamentalmente apto a funcionar 'para o exterior', nas mãos duma oligarquia satisfeita, como também, dum modo geral, a sua estrutura social e a sua organização política são efetivamente muito mais fracas no quadro do capitalismo. Nestas condições, e por razões várias, toda a ambição do desenvolvimento capitalista estava de antemão condenada à dependência. (Moraga, 1977, p. 42)

A soberania formal conquistada pelos países do continente encobriu, em definitivo, sua subordinação, em graus e formas variáveis, às modalidades e aos ritmos de desenvolvimento das novas potências, preocupadas em impor a incorporação definitiva das frágeis sociedades latino-americanas à cadeia imperialista sob seu controle.[14] No plano interno, a heterogeneidade estrutural (que se traduz num equilíbrio instável de diversas estruturas produtivas e culturais, ain-

---

[14] O processo de incorporação fez-se por meio de um comércio exterior reduzido ao intercâmbio de matérias-primas por manufaturas e de investimentos concentrados em determinadas atividades e países de origem, o que por sua vez ajudou a disseminar valores, ideias, instituições e aspirações de consumo que influenciaram a organização econômica, social, política e cultural dos países latino-americanos, reforçando ainda mais a estrutura e dinâmica da dependência. Vejam-se Kaplan (1974), Ianni (1971) e Armas (1970).

da que com certo predomínio relativamente consolidado das formas de assalariamento e de disciplina próprias do capitalismo), e uma superposição de instituições administrativas herdadas do período colonial caracterizaram os novos Estados formalmente independentes.[15] Já no plano externo, em vez de terem se dedicado ao planejamento de um desenvolvimento integrado e autônomo, tendo tal processo de independência implicado, como dito, a transferência do centro metropolitano ibero-lusitano de dominação para outros em expansão, os novos países estruturaram-se com um sentido divergente, orientados separadamente para os centros mundiais de poder.[16] A dinâmica decorrente desse período marcou, como veremos, a natureza dependente do Estado nas sociedades do continente.

O Estado oligárquico

Desde as independências e a plena inserção subordinada no mercado mundial até a Primeira Guerra Mundial, o Estado nos países latino-americanos constituiu-se com base em longos e conflitivos processos que combinaram a continuidade de instituições e de tradições coloniais com formas de organização decorrentes da sua

---

[15] Como diz Cueva (1983, p. 42), "convém recordar que a edificação de um Estado nacional jamais se realiza no vazio, nem a partir de um maná que se chamaria 'maturidade política', e sim sobre a base de uma estrutura econômico-social historicamente dada e dentro de um contexto internacional concreto, fatores que não só determinam as modalidades históricas de cada entidade estatal, mas também a maior ou menor tortuosidade do caminho que conduz à sua organização". Vejam-se, também, Córdova (1977) e Halperin Donghi (2005).

[16] Isso tem-se refletido em diversas formas de classificar os países latino-americanos, tais como a de Cardoso e Faletto (1973), que diferenciam economias de enclave das economias nacionalmente controladas, ou a de Sunkel e Paz (1970), que diferenciam os centros coloniais, as áreas de subsistência, as áreas vazias e as áreas de subsistência e agricultura de exportação. De toda forma, independentemente de tal ou qual classificação, queremos chamar a atenção aqui para as diferentes e fragmentadas realidades históricas dos países do continente. Vejam-se, também, García (1972) e Zermeño (1981).

inserção dependente no mercado mundial. Esse quadro fica muito bem retratado na descrição de Ianni:

> Depois das lutas pela independência política nacional, e em seguida às guerras e revoluções civis que se sucedem àquelas lutas, o Estado nacional adquire os contornos de Estado oligárquico. Após a eliminação do poder colonial (espanhol ou português) verificam-se algumas décadas de lutas internas nos países latino-americanos, até que a nova estrutura de poder estivesse organizada se impusesse. Essa nova estrutura de poder corresponde a uma combinação de oligarquias, ou à hegemonia de uma oligarquia sobre as outras. [...] A despeito das suas relações fundamentais com os sistemas capitalistas dominantes, as sociedades latino-americanas não se organizam plenamente em termos de relações de classes. Apesar de serem sociedades organizadas para produzir mercadorias para o mercado capitalista externo [...] nesse contexto, persistem formas não propriamente capitalistas de utilização da força de trabalho, isto é, formas combinadas de organização das relações de produção. (Ianni, 1975, p. 61)

No contexto desses processos descritos pelo autor, o Estado e seu aparelho administrativo organizaram-se a partir de um modo de acumulação de capital para fora, também chamado de desenvolvimento exógeno, em benefício da aliança entre produtores de bens-primários para o mercado internacional, exportadores e importadores e financistas, que o impulsionavam. Tratou-se de um esquema em que "o comércio externo, os investimentos, o valor da moeda, a demanda interna, as rendas fiscais, as decisões fundamentais de política econômica determinam-se e operam em função dos interesses das metrópoles, empresas estrangeiras e seus aliados nativos" (Kaplan, 1974, p. 129-130).

Em linhas gerais, sob esse tipo de economia agroexportadora, desenvolveram-se apenas setores e regiões que contribuíram para proporcionar lucros rápidos às potências e classes dominantes metropolitanas e aliados crioulos. As empresas estrangeiras uniram-se, neste período, aos grupos latifundiários, comerciais, financeiros e industriais locais, assim como também incorporaram ao seu espectro de interesses setores significativos das camadas médias e das catego-

O ESTADO LATINO-AMERICANO

rias burocrático-militar e eclesiástica, conseguindo exercer relevante influência para impor suas condições à manutenção do *status quo*.[17] A dinâmica do poder local e as exigências da acumulação de capital no âmbito mundial caminharam, aqui, de mãos dadas.[18]

Manter essa articulação entre as classes dominantes por meio de uma rede de alianças internas e externas tornou-se um dos objetivos desse Estado, que a literatura comumente catalogou de "oligárquico", em decorrência da acentuada concentração de riqueza e poder na oligarquia exportadora – que abrangia as burguesias agrárias e mercantis, beneficiárias da integração ao mercado mundial.[19] Inicialmente, em meio às condições de desequilíbrio generalizado em que o Estado começou a se estruturar nos novos países independentes, afirmou-se o poder do aparelho coercitivo no território mediante um exército permanente e centralizado, neutralizando (ainda que contraditoriamente) quaisquer elementos pré-capitalistas de poder, assim como democrático-burgueses que levantassem uma alternativa progressista de desenvolvimento capitalista (Cueva, 1983, p. 123). Posteriormente, outra exigência fundamental referiu-se à obtenção de um acordo básico com grupos subordinados das classes dominantes (as oligarquias

---

[17] Segundo Kaplan, o resultado desse processo, que imprimiu orientação centrífuga e divergente à economia, política, diplomacia e vida cultural de cada formação latino-americana para os centros de poder mundial (com uma acentuação correlativa da fragmentação continental sofrida após a emancipação), foi "a tendência à atenuação da soberania e da identidade nacionais e, com muitas mais razões, de uma consciência latino-americana" (Kaplan, 1974, p. 139).

[18] Com relação às experiências das formações centro-americanas, Torres Rivas (1977) chama a atenção acerca do fato de que, nesses países, a intervenção externa direta condicionou historicamente o papel das elites latifundiárias, reduzidas ao desempenho de funções burocráticas, entorpecendo a formação de uma ordem política interna autônoma.

[19] Como explica Ianni (1975), combinados ou não, esses setores funcionaram como enclaves da economia das metrópoles, fortalecendo a um só tempo seu poder político e domínio internos. Exemplos dessas articulações podem ser encontrados nos governos de Díaz, no México, de Gómez, na Venezuela e de Leguía, no Peru.

regionais) que permitisse "combinar a satisfação prioritária dos interesses hegemônicos com certa consideração e satisfação das demandas e pressões dos grupos dominantes secundários" (Kaplan, 1974, p. 180). Foi, assim, por meio do Estado e da imposição de toda uma ordem político-institucional, suficientemente autoritária, ditatorial e violenta para vencer toda e qualquer resistência que os grupos prejudicados pudessem oferecer, que se buscou garantir para os primeiros a participação nas novas possibilidades de uma acumulação de capital bastante acelerada, baseada na crescente pauperização das massas.[20]

Ainda que o modelo estatal adotado à época tenha se referido a um tipo de Estado independente, centralizado, baseado (pelas pretensões doutrinárias de inspiração liberal que o animam do exterior) na soberania popular e na democracia representativa, a tensão entre unitarismo e federalismo, assim como o fato de que a participação política da população tenha se restringido a mecanismos meramente formais, revelam, de alguma maneira, as contradições deste tipo de Estado.[21] Combinando práticas e valores de tipo pré-capitalista com as exigências que o modo de produção capitalista moderno lhe impunha, o Estado oligárquico agia de modo autoritário e repressivo internamente, e segundo estímulos e decisões externas no âmbito da vida econômica. Segundo Kaplan,

---

[20] Durante essa fase, para manter a taxa de lucro do bloco dominante em detrimento das classes populares, o Estado nunca deixou de promover toda uma legislação que permitia o congelamento de salários, o aumento da inflação, a desvalorização, o reordenamento do fluxo de capitais em direção à exportação e a utilização das receitas fiscais em favor da acumulação de capital. Segundo Cueva (1983, p. 133), no fundo, o Estado não podia ter sido constituído de outro modo senão com base em uma superestrutura jurídico-política "fechada e absolutista, notoriamente colocada acima e contra o grosso da sociedade civil". Segundo o autor, o Estado oligárquico "era o Estado da 'ordem e do progresso' e não do 'consenso' e da 'conciliação de interesses'" (Cueva, 1983, p. 133). Veja-se, também, Kaplan (1968a).

[21] Veja-se Hillekamps (1965).

O ESTADO LATINO-AMERICANO

> esse Estado não é expressão real e orgânica de um processo e de forças socioeconômicas internas, que tendam a um desenvolvimento capitalista e autossustentado. Não é também resultado nem fator das transformações socioeconômicas, políticas e culturais que foram pré-requisitos e concomitantes do modelo importado em seus países de origem. No momento da incorporação daquele esquema, predominam na América Latina os grupos, interesses e conteúdos tradicionais. Não existe uma burguesia capitalista de tipo clássico. As camadas médias são débeis e dependentes. As maiorias populares estão submetidas a condições de exploração, atraso e marginalidade. (Kaplan, 1974, p. 181)

Apesar de o modo de produção capitalista ter sido predominante à época na região, ante a ausência do pressuposto da igualdade formal dos indivíduos e a falta de integração orgânica da sociedade como um todo, o Estado oligárquico teve como característica central, que o diferenciou do Estado capitalista europeu, a de constituir muito mais a expressão dos interesses das classes dominantes (e da ação das burocracias civis e militares)[22] do que a expressão da relação desses interesses com os das classes dominadas.[23] Isso porque, segundo Cueva,

> construir um Estado sobre o cimento relativamente firme do modo de produção capitalista implantado em toda a extensão

---

[22] Segundo Cardoso (1977), no Brasil, por exemplo, as burocracias, desde o início, tiveram um importante papel na formação do Estado: "é que o Estado nacional independente no Brasil nasceu depois da transferência do Estado imperial português para este país. Foi a única situação na América Latina em que o Estado da metrópole se deslocou, com D. João VI e toda a sua burocracia, para uma colônia. Por isso, o aparelho estatal brasileiro é extremamente complexo desde o século XIX. E quando se dá o processo da independência o Estado nacional herda esse aparelho estatal do Império português. [...]. Os elementos dinamizadores, os elementos disciplinadores da ordem nacional no Brasil, se apoiaram extensamente na burocracia pública" (Cardoso, 1977, p. 84).

[23] Como expresso por Bomfim na primeira década de 1900: "hoje, o Estado é, em essência, o que era no tempo colonial, não só porque as leis e reformas atuais são conduzidas, em geral, com a preocupação exclusiva dos interesses do Estado, sem cogitar das necessidades efetivas da população, como também porque essas mesmas reformas que poderiam produzir um benefício real – mesmo estas, ficam na letra dos decretos, não chegam a ter aplicação" (2008, p. 162-163).

> de um corpo social não é o mesmo que edificá-lo sobre a sinuosa topografia de estruturas pré-capitalistas que, por sua própria natureza, são incapazes de proporcionar o fundamento objetivo de qualquer unidade nacional, isto é, um mercado interno de amplas proporções. (Cueva, 1983, p. 42)

Porém, existe ainda uma outra característica fulcral desse Estado latino-americano à época. Essa diz respeito ao elemento de ligação entre os interesses dominantes internos e os interesses externos. Segundo Moraga (1977), a relação biunívoca metrópole-país exportador desdobrou a atuação do Estado dependente, cujo compromisso com a doutrina liberal, também no plano econômico, refletia o "compromisso" entre as classes dominantes locais e a cultura dos países hegemônicos. Assim, longe de fomentar um protecionismo que limitasse investimentos e estabelecesse regras comerciais, o Estado oligárquico favoreceu o fluxo de bens, capitais e pessoas de todas as origens, não sobrecarregou com impostos a riqueza privada e garantiu a livre iniciativa empresarial. Por sua vez, esse Estado também levou a cabo uma ampla intervenção tendente a facilitar a penetração do capital estrangeiro, de modo a desenvolver uma legislação que oferecesse condições de todo tipo às empresas estrangeiras, criar as infraestruturas necessárias à exploração das riquezas básicas e a conceder a exploração de obras e serviços públicos ao capital estrangeiro.[24]

Em suma, como dito por Lechner (1977), o Estado latino-americano não era nem plenamente soberano (pela dominação externa)

---

[24] Ao fazer um balanço do resultado dessa atuação estatal, Cueva (1983, p. 96) afirma que "já no período 1880-1914 o capital imperialista controla os pontos nodais da economia moderna da América Latina: ferrovias, minas, frigoríficos, silos de cereais, engenhos de açúcar, a agricultura de exportação e o aparelho financeiro". Cueva complementa o referido balanço afirmando que esta presença do capital estrangeiro implica a desnacionalização da economia latino-americana; a deformação do aparelho produtivo local, uma vez que se situa em pontos estratégicos para as economias metropolitanas e não naqueles de interesse para as economias locais; e a evasão de excedente econômico. Sobre a fase imperialista que se inicia em 1880, veja-se Lenin (2010).

O ESTADO LATINO-AMERICANO

nem plenamente nacional (em virtude da ideia de cidadania restrita mencionada acima). Em igual sentido, Ianni expressou:

> sob o formalismo jurídico inspirado no liberalismo europeu e norte-americano, operavam praticamente as oligarquias civis e militares. Sob a doutrina da soberania nacional apregoada pelos donos do poder nos países latino-americanos, operavam intensamente as companhias petrolíferas, mineradoras, de transportes e de comercialização sediadas no exterior. Em todos os casos, a produção tendia a configurar-se como mercadoria principalmente nos mercados externos, sob o controle de empresas inglesas, norte-americanas [...] ou outras. (Ianni, 1975, p. 67)

Apesar de à política de livre câmbio que predominava à época ter se somado a escassez de capital disponível para o investimento industrial (em virtude da drenagem para fora de grande parte do excedente econômico gerado internamente), no último terço do século XIX e começo do XX ocorreu certo grau de desenvolvimento industrial, diversificou-se até certo ponto a estrutura socioeconômica e ampliaram-se os mercados para bens de consumo, intermediários e de capital (Kaplan, 1974). Uma indústria "recolonizadora"[25] muito incipiente apareceu nesta etapa. Diferentemente do caso europeu, tal indústria não era efeito de uma acumulação primitiva de capitais, mas era vinculada a setores, ramos e regiões privilegiados pelo comércio externo e pelo investimento estrangeiro – em virtude, justamente, da sua adequação às necessidades e aos objetivos das metrópoles. Com base nessa acumulação de capital na indústria e no mercado interno, ambos prolongamentos do mercado metropolitano, nas primeiras décadas do século XX, após a Primeira Guerra Mundial, países como Argentina, Brasil, Chile e México procuraram substituir as importações.[26] Foi essa nova modalidade de acu-

---

[25] Veja-se Ribeiro (1983).

[26] Contudo, cabe registrar a opinião de Cueva (1983, p. 154), no sentido de que o processo de industrialização na América Latina teve lugar realmente só depois da Segunda Guerra Mundial.

mulação industrial que veio a contribuir com a expansão do modo de produção capitalista e de suas contradições específicas (expressas, principalmente, nos antagonismos e desigualdades sociais) na região.

O Estado desenvolvimentista

O setor fabril, além do artesanal, que até a Primeira Guerra Mundial tinha sido expressão do auge da economia exportadora, converteu-se progressivamente em substituto das importações do exterior a partir do período que vai do início do referido conflito bélico até meados da década de 1950.

O tradicional modo de acumulação para fora viu-se afetado, inicialmente, pelas grandes oscilações no mercado de matérias-primas, provocadas pela procura, por parte da Europa, de "soluções internas" em meio ao conflito bélico. Esse fato levou as oligarquias exportadoras latino-americanas, apoiadas no aparelho de Estado, a colocar os capitais da agricultura e da exportação na indústria nacional, visando à substituição planejada das importações de produtos manufaturados europeus.[27]

Por sua vez, a alteração da hegemonia no mercado mundial em favor dos Estados Unidos incidiu profundamente na região, incrementando, de certa forma, a crise do modelo exportador, pois diferentemente da especialização britânica em produtos manufaturados, os Estados Unidos, além de exportadores industriais, eram grandes produtores de matéria-prima e, consequentemente, competidores das economias latino-americanas. Desse modo, à medida em que a potência hegemônica era mais exportadora do que importadora, as relações metrópole-periferia abandonaram o princípio

---

[27] De fato, sem ter havido na América Latina acumulação primitiva de capital, mas acumulação subsidiária da exportação, a formação de capital nacional necessário à industrialização só poderia ser levada adiante mediante transferência de capital da agricultura e da exportação para a indústria por parte do setor exportador subordinado ao capital estrangeiro.

de livre-câmbio clássico, que vigorou sob a hegemonia britânica. Assim, para o capital estadunidense, a obtenção de lucros não se baseou tanto na clássica troca desigual, mas, fundamentalmente, no controle da produção de cada país periférico perante o mercado mundial.[28] Aderimos à premissa de Cueva (1983, p. 137) acerca de que esse contexto, perpassado por relevantes acontecimentos da história mundial, como a Grande Depressão de 1929 e a Segunda Guerra Mundial, constitui um marco de referência obrigatório para a análise das sociedades dependentes da região, ainda que isso não implique reconhecer que a dependência característica dos países latino-americanos seja apenas um mero "reflexo" do que acontece na economia mundial.[29]

Diante da ausência de uma burguesia industrial suficientemente forte para assumir o poder, o Estado assumiu importantes funções no intuito de impulsionar o novo projeto de acumulação pela via da industrialização. Dentre outras funções desempenhadas por este Estado "intervencionista", destacaram-se a de estabelecer as bases para um planejamento governamental do desenvolvimento nacional, a de investir em setores que ainda não eram rentáveis para os empresários locais ou estrangeiros (grandes empresas industriais e de serviços, por exemplo), assim como a de assumir o encargo de desenvolver aquelas atividades que, pela sua magnitude e papel estratégico, ficaram sob tutela do Estado (tais como a criação de infraestrutura ou a exploração de setores produtivos como petróleo ou mineração, que geravam excedentes significativos).[30]

---

[28] Veja-se Furtado (1978).

[29] Para essa última interpretação, veja-se Santos (1973).

[30] Segundo Ianni (1975, p. 134), "a relação do Estado com a economia adquiriu dimensões amplas [...]. Nacionalizaram-se empresas estrangeiras e reformularam-se as condições de entrada e saída de capital estrangeiro. Reservaram-se alguns setores infraestruturais da economia a empresas estatais ou mistas. O poder público criou empresas ou incentivou a sua criação em novos setores ou subsetores econômicos. Ao mesmo tempo, punham-se em prática outros

Registrou-se, nessa etapa, um fortalecimento generalizado do aparelho de Estado em todos os seus ramos e níveis de atuação, assim como uma ampliação do emprego estatal e um incremento dos salários e da demanda interna, vitais para impulsionar o mercado interno, no quadro de uma dinâmica de proteção nacional. As funções assumidas pelo Estado expressaram a subordinação do antigo modo de "acumulação para fora" ao novo projeto de industrialização, assim como uma nova configuração na correlação de forças, com base na emergência de novos interesses sociais. Apesar disso, como salienta Osorio (2014a), tais interesses não foram alheios às classes e frações beneficiárias do modelo anterior, principalmente a classe proprietária fundiária, que também encontrou na industrialização substitutiva uma forma de investimentos para as rendas provenientes das exportações nacionais de matérias-primas. Além do mais, esse modelo, como apontado por Cueva,

> não cria, por definição, uma contradição antagônica no vértice da estrutura social, já que [...] a oligarquia exportadora não é uma classe propriamente feudal, mas um setor burguês de características específicas. A relação entre este setor e a burguesia industrial (que em muitos casos, e sobretudo no início do processo, não é mais que um prolongamento seu) não é, portanto, uma relação prenhe do antagonismo que surge da oposição de diferentes modos de produção e sim, quando muito, daquela resultante da confrontação entre duas vias possíveis de desenvolvimento capitalista. [...] é preciso ter presente que o desenvolvimento do setor primário-exportador é, na América Latina, a via mais expedita de acumulação de capital, razão por que a contradição existente entre tal setor e o industrial não decorre de uma necessidade objetiva de abolir o primeiro, mas gira em torno da apropriação do excedente econômico por ele gerado. Isto não quer dizer que a modalidade de desenvolvimento do setor agroexportador não crie em determinado momento um 'funil' para a expansão do setor industrial, ao impor severos limites à ampliação do mercado interno, abrindo

---

regulamentos, relativamente aos movimentos de capital nacional e estrangeiro no país, e estabeleciam-se critérios gerais e especiais, quanto às condições de oferta e demanda de força de trabalho no mercado urbano".

com isso um espaço específico de confrontação entre as frações agrária e industrial. (Cueva, 1983, p. 139-140)

Assim, sob a crescente hegemonia da fração burguesa industrial, as mudanças no Estado que operaram neste período responderam a uma aliança no poder, ainda que contraditória (mas não antagônica, como visto anteriormente), formada pela referida fração industrial com a oligarquia exportadora, e outras frações.[31] O projeto "modernizador" da burguesia industrial também encontrou aliados importantes no interior das classes dominadas (e que estavam em segundo plano na época de hegemonia das oligarquias), mobilizadas por esperanças ou expectativas de concessões e compensações para o progresso social, assim como por assumir algum poder ou mesmo controlar o aparelho de Estado. A aliança estendeu-se à pequena produção no campo e na cidade, às camadas médias urbanas e a certos setores que viviam uma existência política subalterna (operários sindicalizados, fundamentalmente).[32]

A referida aliança, de cunho nacionalista,[33] parecia ter dado ao Estado latino-americano a possibilidade de se tornar

---

[31] Para explicar o Estado que aqui se estabeleceu, Marini (2017, p. 56) cunhou a expressão "Estado de compromisso" que reflete, segundo o autor, a complementariedade objetiva que no período em questão cimentava as relações entre a burguesia industrial ascendente e a fração agrária.

[32] Para mais informações, vejam-se Ianni (1975) e Graciarena (1967, 2004).

[33] Estamos fazendo referência aqui à ideologia do Estado nacionalista, baseada nas ideias de desenvolvimento econômico e de Estado paternalista, benfeitor, populista, árbitro acima da luta de classes. A "paz social" (a "harmonia das classes" ou a "aliança entre capital e trabalho") era encarada como pré-requisito das tarefas de emancipação econômica do país e generalização do bem-estar do povo (Ianni, 1975). Tratou-se de uma combinação de nacionalismo desenvolvimentista e de política de massas, de uma "ideologia confusamente anti-oligárquica e anti--imperialista, que encerra elementos anticapitalistas muito importantes" (Moraga, 1977, p. 147). O desenvolvimento nacionalista dos governos de Cárdenas, no México, de Vargas, no Brasil, de Perón, na Argentina, de Paz Estensoro, na Bolívia, de Velasco Ibarra, no Equador, e de Gaitán, na Colômbia, são manifestações típicas, ainda que todas muito diversas em função das particularidades históricas de cada país, da tendência ideológica em tela.

progressivamente autônomo com relação à dominação metropolitana, à medida que os interesses das oligarquias locais a ela ligadas
por meio do mercado mundial se sujeitavam ao novo projeto de
industrialização. Entretanto, por trás dessa autonomia jazia um Estado, democrático ou ditatorial, a depender do caso concreto, cujo
equilíbrio decorrente da aliança de forças heterogêneas cedeu perante as fraturas provocadas pelas frações burguesas, assim como pela
tensão entre integração e repressão a que as classes populares – em
decorrência do conflito entre capital e trabalho – se encontraram
submetidas (Ianni, 1975). Devido às referidas fraturas, bem como
à falta de adequação entre o desenvolvimento do mercado interno e
o crescimento das necessidades sociais (que gerou uma agudização
das lutas sociais), fracassaram as tentativas das burguesias da região,
"no seu esforço por desenvolver um capitalismo independente e 'proprietário' do seu mercado interno" (Moraga, 1977, p. 104), ficando,
assim, aberto o caminho para um estreitamento dos históricos laços
de dependência externa e confirmada a sua incapacidade de manter
uma atitude de luta anti-imperialista.[34] Contudo, como diz Cueva
(1983, p. 151), "isso não impediu que o Estado e a própria sociedade
civil se fossem decantando em uma direção capitalista, e inclusive
desenvolvendo um importante setor industrial".[35]

---

[34] Fatos históricos como a radicalização, entre 1951 e 1954, da Revolução Guate-
malteca, a Revolução Boliviana de 1952, o suicídio de Vargas no Brasil (1954),
a derrocada de Perón na Argentina (1955) e a Revolução Venezuelana de 1958
retratam o estado de situação, durante a década de 1950, de um continente
conturbado.

[35] Um rumo diferente ao tomado pelo reformismo burguês dos países latino-
-americanos de maior desenvolvimento relativo – como Brasil, Argentina e
México, podendo-se incluir aqui, também, em alguma medida, países como
Chile, Uruguai e Colômbia – tem sido o de Cuba, onde, por meio da luta
revolucionária que levou à vitória de 1959, e da nacionalização dos principais
setores da indústria e do comércio, instalou-se o Estado socialista. Também há
o caso da Revolução Sandinista na Nicarágua. Veja-se, para mais informações,
Visentini *et al.* (2013) e Domínguez (2018).

Tendo como objetivo a manutenção do nível de lucro e pressionadas por uma dominação externa que já não se estabelecia pela via do mercado mundial, mas por meio do controle do mercado interno,[36] as burguesias latino-americanas apoiaram-se no capital estrangeiro para dar continuidade ao processo de acumulação de capital. Assim, longe de ser sobre bases e em defesa de interesses nacionais, como imaginado num início,[37] o referido processo na América Latina viu-se condicionado, ou "deformado" nos termos de Aguirre (2018),[38] pela orientação com a qual os Estados Unidos encararam os investimentos na região.[39]

A nova aliança desenvolvimentista teve como base a hegemonia da burguesia industrial, e particularmente a fração do grande capital industrial (a chamada "burguesia dinâmica"), associada às frações financeira, comercial e agrária e apoiada estrategicamente pelo capital estrangeiro. À época, o Estado latino-americano, expressão da referida correlação de forças, teve, entre suas principais funções, as de i) organizar a reprodução do capital, por meio do planejamento da acumulação industrial baseada no mercado interno; ii) procurar

---

[36] Tal controle representa a terceira fase de dominação externa formulada por Fernandes (1973). Sobre o predomínio estadunidense na região, Ianni (1975) faz referência, em sentido semelhante a Fernandes, à combinação de uma política de associação de capitais e empresas com uma doutrina mais ampla de interdependência econômica, política, militar e até mesmo cultural.

[37] Como lembra Cueva (1983, p. 176), "o esperado desenvolvimento nacional autônomo não foi mais que uma 'quimera'. A economia latino-americana não conseguiu desenvolver um mecanismo autônomo de acumulação, tendo em vista que prosseguiu dependendo, em última instância, da dinâmica do setor primário-exportador e de seus azares no mercado internacional".

[38] Já nos anos 1970, o sociólogo equatoriano Manuel Agustín Aguirre denunciava as múltiplas "deformações", não apenas econômica (agrícola, monetária, comercial, industrial), mas cultural e da estrutura social, que o imperialismo estadunidense impunha às sociedades da região. Veja-se Aguirre (2018).

[39] De fato, durante as décadas de 1950 e 1960, principalmente, produziu-se um redirecionamento do capital estrangeiro para novos ramos produtivos, tais como o de automotriz, o eletrônico e o petroquímico.

uma situação favorável para as exportações de matérias-primas para o mercado mundial (retomada do modelo agroexportador); e iii) fornecer apoio jurídico e material à implantação do capital estrangeiro e das suas empresas multinacionais.[40]

Operou-se, assim, a perda do controle do aparelho produtivo por parte das burguesias locais, conferindo-se um caráter estrutural à dependência das metrópoles capitalistas. Nos termos de Lechner (1977), o projeto de uma industrialização estendida e diversificada cedeu perante um "processo de industrialização teledirigida", consagrando-se, segundo Moraga (1977), um modelo de acumulação "desnacionalizado e restritivo".[41] O referido modelo, através do déficit progressivo da balança de pagamentos, do endividamento externo e de uma política econômica que privilegiou segmentos de alto poder de consumo em detrimento do consumo

---

[40] Desde a década de 1950, o capital estrangeiro "monopolista" expandiu-se, associando-se ao capital privado doméstico, ao Estado e às empresas governamentais. Tratou-se da etapa "monopolista" do desenvolvimento capitalista, caracterizada pelo controle de certas companhias que passam a comandar ou dirigir as ações de produção e comercialização de outras empresas, eliminando ou controlando a concorrência. Nessa etapa, como veremos, as empresas multinacionais representaram uma forma avançada da penetração do capital estrangeiro na região latino-americana.

[41] Segundo Moraga (1977), o referido modelo é "desnacionalizado" porque o desenvolvimento industrial se processou mais em função dos interesses gerais da acumulação monopolista mundial do que dos interesses dos países dependentes. Ou seja, o conjunto do ciclo de produção e circulação teve como principal fator de impulsionamento o investimento estadunidense: o capital líquido das indústrias dinâmicas lhes corresponde majoritariamente (drenagem de excedente); os bens de capital são adquiridos pela metrópole. Por sua vez, esse modelo é, também, "restritivo" porque, com a introdução massiva do capital monopolista no mercado interno, a relação entre produção e circulação se manteve em termos similares aos do modelo exportador, no sentido de que o capital estrangeiro, estadunidense, passou a controlar o mercado interno por meio das suas próprias empresas na região. Veja-se, também, O'Donnell (2008).

de amplas camadas da população,[42] desembocou na etapa que estudaremos a seguir.

O Estado desenvolvimentista e as ditaduras na região

A partir dos anos 1960, em meio à acentuação da orientação monopolista do capitalismo mundial, as empresas multinacionais, apoiadas principalmente pelo investimento público estadunidense, incrementaram a sua ação nos países da região, buscando a concentração de capitais e a aceleração da monopolização da indústria local. O já mencionado caráter restritivo do modelo de acumulação veio aprofundar a crise socioeconômica dos países da região, favorecendo o ressurgimento de novas tendências e frentes nacionalistas nos setores industriais dedicados à substituição tradicional, assim como nas massas populares, que se levantaram contra esse modelo excludente que se propagava. Nas palavras de Osorio, vigorou à época um projeto econômico exportador que reproduziu "a dinâmica das economias dependentes em toda sua ferocidade com uma estrutura produtiva orientada a ignorar as necessidades do grosso da população, a não integrá-la ou integrá-la apenas marginalmente ao mercado" (Osorio, 2014a, p. 219).

A manutenção desse projeto industrial de acumulação com reconcentração econômica só se fez possível pela disseminação, na região, de regimes ditatoriais que mantiveram sob controle as massas e os conflitos na esfera das classes dominantes. À medida que o predomínio do capital industrial-financeiro (fração hegemônica) se baseava na existência e no apoio do capital monopolista, ao atuar, era obrigado a fazê-lo de acordo com os interesses desse capital estrangeiro frente às restantes frações burguesas tradicionais e às

---

[42] Isso traduziu-se no esgotamento das possibilidades do capital latino-americano em manter amplas alianças de classes com os setores dominados, em particular com a pequena burguesia e o proletariado.

massas.[43] Assim, frente ao que Portantiero (1980, p. 118) chamou de uma "readequação das burguesias periféricas no sistema mundial", o aparelho militar foi a garantia do acionar de uma fração que não representava o interesse da burguesia no seu conjunto, e muito menos o do "povo-nação". Segundo Moraga (1977), com a (re)orientação do aparelho produtivo para o exterior, houve um regresso às características do Estado oligárquico. Dessa vez, como veremos, diferentemente do Estado liberal que prevaleceu até nos anos 1930, tratou-se de um retorno sob novas roupagens: as de um Estado amplamente intervencionista.

O Estado caracterizou-se, neste período, por um forte incremento de sua intervenção e centralização interna. Segundo Moraga (1977), a finalidade dessa intervenção estatal era sempre a mesma: servir ao capital monopolista para concentrar capitais nas suas mãos e transferir recursos para a esfera superior de consumo. O Estado interventor latino-americano buscou manter certo grau de estabilização no mercado interno, assim como formular "planos nacionais de desenvolvimento" com ampla margem de manobra, de modo a oferecer recursos aos monopólios estrangeiros e estabilidade para os investimentos a médio prazo, executando, também, as obras de infraestrutura que facilitassem as operações comerciais (Kaplan, 1978).

As restrições e o protecionismo do antigo modelo cederam perante as exigências do capital estrangeiro, de modo que um novo tipo de abertura aos mercados vigorou nos países latino-americanos. Segundo O'Donnell e Linck (1973), a dependência "internalizada" por meio da atuação das empresas multinacionais "no" e "para" o mercado interno foi a forma que prevaleceu nos países maiores da América Latina, sendo tais empresas, na opinião dos autores, os agentes mais dinâmicos da expansão à época do sistema capitalista internacional. Segundo os autores, no período,

---

[43] Veja-se Cardoso (1976).

O ESTADO LATINO-AMERICANO

> As empresas multinacionais são o principal nexo [dos países latino-americanos] com o sistema capitalista internacional pela via não somente dos produtos (bens e serviços) que esse gera, mas em função, também, da imposição cultural de (pseudo)necessidades sociais e de escalas de preferência. Ainda que os principais centros de decisões de tais empresas se encontrem fora dos nossos territórios, elas são atores que evidenciam que a nossa dependência tem se internalizado. Tais empresas contribuem em criar uma forma concreta de dependência e uma particular estrutura de dominação, não unicamente e nem tanto pela sua gravitação em nível internacional, mas porque têm se inserido nos nossos mercados internos e porque constituem o âmbito de realização dos benefícios das suas filiais. (O'Donnell; Linck, 1973, p. 200)

As transformações operadas nos países latino-americanos, em decorrência de projetos de crescimento econômico dependente e para poucos, tiveram severos impactos nas populações. Segundo Cueva (1983, p. 206), o processo de eliminação do Estado "benfeitor"[44] manifestou-se, também, no processo de pauperização das massas latino-americanas, as quais ficaram desprovidas de serviços públicos como os de educação, saúde ou construção de habitações populares, por terem sido reduzidos à sua mínima expressão. No novo quadro da dependência internalizada e de exclusão social,[45] e no intuito de manter o clima de "paz social" exigido pelo capital internacional, o Estado, em várias das sociedades da região, tomou a forma de ditaduras militares,[46] após os diversos golpes militares que implicaram maiores ou menores graus de violência sobre a população. No Brasil, em 1964, deu-se início a esse processo, que se

---

[44] Colocamos o termo entre aspas por entendermos que na América Latina sempre houve tentativas de conciliação entre a acumulação capitalista e a satisfação das demandas sociais das massas. Como diz Graciarena (1990, p. 53), o que se teve foi um "Estado híbrido, bifronte, de decisões vacilantes entre a adoção de medidas redistributivas e a promoção do desenvolvimento capitalista".

[45] Veja-se Nun (2001).

[46] Contudo, em alguns países da região, embora não tenha havido governos militares propriamente ditos, a presença do Estado autoritário ganhou forma sob governos civis, como nos exemplos da Venezuela e do México.

LEONARDO GRANATO

seguiu posteriormente na Bolívia (1971), no Chile (1973),[47] no Uruguai (1973), no Peru (1975) e na Argentina (1976), cobrindo praticamente todo o Cone-Sul latino-americano. As Forças Armadas assumiram a direção do aparelho estatal como parte de projetos de governo com alto grau de coordenação em matéria de inteligência e repressão, expressos em ações ou medidas tais como fechamento de casas legislativas e de partidos políticos, submissão do Poder Judiciário, controle da mídia e perseguição de qualquer sujeito qualificado como subversivo.[48]

Isso tudo levou vários autores a adjetivar tais Estados de "fascistas", "contrainsurgentes" ou "de quarto poder";[49] "burocrático-autoritários";[50] "militares", "terroristas"[51] ou "de segurança nacional"[52] e "de exceção permanente".[53] O autoritarismo interventor desse "Leviatã

---

[47] A derrocada do governo Allende significou, inclusive, a derrota de uma das propostas mais avançadas para alcançar o socialismo, pela via legal, na América Latina.

[48] É preciso lembrar que tais medidas faziam parte de um projeto militar e político de guerra interna contra o "comunismo". Os altos escalões das Forças Armadas dos países da região, em linha com a doutrina imperante nas escolas militares estadunidenses, entendiam que, no contexto de confrontação entre os Estados Unidos (bloco capitalista) e a União Soviética (bloco socialista) (em expansão contínua), Estados ocidentais e democráticos como os latino-americanos estariam sujeitos a ofensivas do bloco socialista pela via da preparação de quadros políticos e técnicos no exterior, que retornariam para se inserir e ganhar posições nas suas respectivas sociedades nacionais. A guerra tornou-se, assim, interna. Veja-se Michelena (1977).

[49] Veja-se o número 18 (1978) de *Cuadernos Políticos* (México), com as contribuições de Pío García, Agustín Cueva, Ruy Mauro Marini e Theotonio dos Santos. Vejam-se, também, Briones (1975), Boron (2002), Zavaleta Mercado (2011c), Santos (1977).

[50] Vejam-se O'Donnell (1977b), O'Donnell e Linck (1973), Cardoso (1975), Cardoso e Faletto (1977).

[51] Veja-se Duhalde (1983).

[52] Vejam-se Castro Escudero (1995), Maira (1990), Rouquié (1984).

[53] Vejam-se Moraga (1977), Evers (1989), Lechner (1977), Sonntag (1974).

crioulo"[54] foi a forma política assumida para aperfeiçoar o caminho que o levou à "novíssima dependência" (Fiori, 1995). Foi, assim, em suma, que o Estado latino-americano "feudalizado pelas corporações", nos termos de Portantiero (1989), se inseriu na nova ordem econômica mundial,[55] sob a dinâmica das políticas neoliberais que acompanharam as novas formas de reprodução do capital na região. Discutiremos isso na próxima seção.

Dos anos 1990 aos dias atuais: o Estado neoliberal

Desde o último quarto do século XX, foi se gestando, no capitalismo mundial, uma estratégia política da classe capitalista com o objetivo de restabelecer sua hegemonia e de reduzir a força da classe trabalhadora.[56] Da referida estratégia decorre uma configuração específica do capitalismo contemporâneo que teve lugar no decorrer dos anos 1970, no quadro de uma severa crise estrutural, e cujos "métodos", segundo Duménil (2007), são novas formas de gestão de empresas voltadas para os acionistas; políticas econômicas visando à estabilidade dos preços e taxas de juros reais elevadas; abertura das fronteiras comerciais (livre mercado) e financeiras (livre circulação de capitais) entre países de níveis de desenvolvimento muito desiguais. Após os processos de redemocratização dos anos 1980, e em meio a esse contexto do capitalismo neoliberal, os países da América Latina avançaram firmemente na construção do Estado neoliberal e aprofundaram seu histórico caráter subsoberano[57] – reafirmando-se

---

[54] Estamos fazendo referência aqui à célebre expressão de Kaplan (1978, 1981, 1996).

[55] Para uma análise da nova ordem após a crise do socialismo e o colapso do bloco soviético, veja-se Visentini (1999).

[56] Veja-se, para mais informações, Harvey (2011).

[57] Valemo-nos, aqui, do termo cunhado por Osorio (2014a) para se referir aos países latino-americanos como os "elos frágeis" da cadeia imperialista mundial, sujeitos, em termos econômicos, à transferência de valor aos países centrais e, em termos políticos, a relações desiguais de soberania.

a incapacidade da periferia capitalista de desenvolver políticas autônomas e soberanas.[58] Nas palavras de Oliver (2005, p. 55),

> o novo Estado neoliberal latino-americano, hegemonizado por banqueiros, financistas e tecnocratas desnacionalizados, carece de qualquer projeto de acumulação e desenvolvimento nacional; está definido pelo interesse de privilegiar o benefício exclusivo dos monopólios transnacionalizados.

O caráter dependente do Estado neoliberal na América Latina remete às funções, como "instância coordenadora",[59] que esse Estado periférico vem levando adiante no contexto do capitalismo neoliberal em curso, que por sua vez remetem, em essência, ao fortalecimento do histórico modo de acumulação de capital voltado para fora. Tais funções foram pautadas pelo chamado "Consenso de Washington" de 1990, com a finalidade de formular um diagnóstico e sugerir "medidas de ajuste" para superar a "crise do Estado" em que os países da região estavam "imersos".[60] Nessa ocasião, o economista Williamson apresentou um documento com dez propostas de reforma econômica, que consistiam basicamente em disciplina fiscal, mudanças nas prioridades do gasto público, reforma tributária, liberalização do sistema financeiro, taxas de câmbio competitivas, liberalização do comércio exterior, eliminação das restrições

---

[58] Vejam-se Oliver (1997), Ferrer (2006).

[59] Valemo-nos, aqui, dos termos de Lechner (1997, 1999).

[60] Instituições internacionais como o Fundo Monetário Internacional (FMI) pregoavam à época que tal "crise" estava mais associada a fatores domésticos do que a restrições ou limitações sistêmicas, com destaque para estagnação econômica e altos índices inflacionários; crescimento acelerado com má distribuição de renda e alocação de recursos, e, por fim, o fato de o Estado ser visto como "sufocante" e ineficiente (investimentos públicos excessivos, escasso estímulo às exportações etc.). Tal narrativa do FMI era expressão da "nova hegemonia intelectual", nos termos de Sader, ancorada na suposta "crise do Estado na América Latina", "deixando o continente sem projetos nacionais ou continentais [...], refém de políticas financeiras de organismos internacionais" (Sader, 2000, p. 128). Para uma crítica ao "problema do tamanho do Estado" na América Latina, veja-se Guerrero (1992).

O ESTADO LATINO-AMERICANO

aos investimentos estrangeiros, privatização das empresas estatais, desregulação da atividade econômica e garantia dos direitos de propriedade (Williamson, 1990).

A contrapartida da implementação do referido conjunto de preceitos foi a construção do Estado neoliberal na América Latina, eliminando a liberdade de manobra das políticas públicas que não perseguissem as "reformas estruturais" neoliberais.[61] Tratou-se da nova missão dos Estados latino-americanos da qual governos como foram expressão os de: Salinas de Gortari, no México; Menem, na Argentina; Pérez, na Venezuela; Gaviria, na Colômbia; Fujimori, no Peru; e Collor e Cardoso, no Brasil.[62] Dessa forma, em diferentes medidas a depender do país, realizaram-se, mudanças estruturais que reforçaram, de forma global, a subordinação do Estado latino--americano ao capital transnacional, assim como a impossibilidade de formular e implementar um projeto autônomo e soberano de inserção e participação no sistema interestatal capitalista.

Por sua vez, o projeto de acumulação perseguido com essas reformas, encabeçado por grandes capitalistas nativos transnacionalizados em aliança com segmentos importadores e financeiros do grande capital e da própria oligarquia exportadora,[63] tem se mostrado concentrador e excludente como o anterior, principalmente com

---

[61] Veja-se Oliver (1994).

[62] Cabe esclarecer, no entanto, que em casos como os de Chile ou Argentina, por exemplo, no período em tela, aprofundou-se o projeto neoliberal que vinha sendo implantado desde 1973 e 1976, respectivamente, antes mesmo dos emblemáticos governos Thatcher, na Grã-Bretanha, e Reagan, nos Estados Unidos. Há ainda o caso do México, onde o neoliberalismo ganhou força com Miguel de la Madrid (1982), antecessor de Salinas de Gortari.

[63] Com relação à classe que lidera o processo de reformas, O'Donnell (1993, p. 182) faz referência a uma "classe capitalista que em grande medida tem se devorado a si mesma e cujos vencedores têm se metamorfoseado em conglomerados centrados nas finanças (junto a ramos do comércio e de atividades profissionais vinculadas ao consumo suntuário)".

relação às massas.[64] Tal segmento populacional (por trás de democracias liberais, de novos direitos e mecanismos de representação cidadã catalogados de "fundamentais" pelas reformas neoliberais) vem sendo impactado por um "autoritarismo neo-oligárquico" orientado pela contrarreforma neoliberal financeira do Estado, funcional aos interesses transnacionais das grandes oligarquias financeiras e às empresas multinacionais (Oliver, 2005, p. 57).[65] Afinal, longe do princípio liberal de não intervenção do Estado na economia "balizador" das reformas neoliberais, o Estado latino-americano do período reforçou, segundo Kaplan (1996), a sua tendência histórica orientada ao intervencionismo, ao seu fortalecimento e expansão, à autonomização e a sua supremacia em prol da manutenção das exigências de uma inserção dependente no mercado mundial.[66] No mesmo sentido, Osorio expressou:

> contra o discurso ideológico liberal, é preciso questionar a ideia de que já não há intervenção estatal. Esta intervenção simplesmente se redefiniu em função dos interesses sociais prevalecentes no Estado. [...] Na verdade, as mudanças em relação ao tamanho do aparelho do Estado e à reorientação de suas funções levaram à formação de um Estado muito mais eficiente e adequado para os fins do grande capital local e internacional. A desregulamentação da economia gera maiores volatilidades, o que exige maiores intervenções estatais para regulá-la, tanto no plano nacional quanto no internacional. (Osorio, 2014a, p. 224)

---

[64] Veja-se Boron (2002).

[65] Nas palavras de Cueva, "a burguesia permanece entrincheirada no Estado [...] enquanto as classes subalternas refugiam-se nos interstícios de uma cotidianidade talvez mais democrática, na qual o Estado não intervirá desde que as formas de sociabilidade em prática não criem empecilhos à reprodução ampliada do sistema capitalista" (Cueva, 2008, p. 219). No mesmo sentido, afirma Osorio: "estamos diante de uma neo-oligarquização do Estado latino-americano com um coro eleitoral. As eleições serviram mais para legitimar o novo Estado latino-americano que para disputar ou reduzir o poder das classes e frações dominantes. Apesar da multiplicação da cidadanização [...] o poder político [...] se concentrou, e a sociedade, mais do que ter se democratizado, se reoligarquizou" (Osorio, 2014a, p. 104-105).

[66] Veja-se, também, Kaplan (2008).

A partir dos primeiros anos da década de 2000, no contexto de "crise" da hegemonia neoliberal e das diversas mobilizações e lutas das classes populares latino-americanas – devido ao impacto regressivo das reformas nos diferentes países –, e numa conjuntura externa favorável, ligada não apenas à retomada do crescimento mundial, mas também à ascensão chinesa à condição de potência econômica e política no âmbito global,[67] a nova "onda rosa" de governos populares e progressistas que se espalhou pela região[68] foi expressão de uma recomposição do poder político pela via da satisfação de demandas populares, ou, em outras palavras, da alteração na correlação de forças em alguns dos Estados da região,[69] ainda que sempre dentro dos limites do Estado de classe. Apesar da diversidade de experiências históricas dos vários países, podemos afirmar que os novos governos buscaram, sob a implementação de diversas agendas nacionais e sociais de desenvolvimento inclusivo,[70] margens para a reforma da ordem neoliberal, sem confrontá-la. Contudo, é possível afirmar que a atuação dos governos populares e progressistas encontraram grandes dificuldades nessa tarefa e enfrentaram limites para a transformação da ordem neoliberal.[71] Em alguns casos, e com graus variáveis de autonomia relativa,[72] os Estados buscaram

---

[67] Fatos esses que contribuiriam para o chamado *"boom das commodities"*, impactando positivamente no desempenho exportador latino-americano, concentrado essencialmente em produtos primários.

[68] Estamos fazendo referência, principalmente, aos governos populares e progressistas de Chávez, na Venezuela, Morales, na Bolívia, Correa, no Equador, Lula da Silva e Rousseff, no Brasil, os Kirchner, na Argentina, além dos que tiveram lugar em outros países como Chile, El Salvador, Honduras, Nicarágua, Paraguai e Uruguai. Já países como México, Colômbia e Peru mantiveram, de fato, governos conservadores.

[69] Veja-se Cortés e Tzeiman (2017).

[70] Agendas essas acompanhadas, inclusive, nos casos de Bolívia, Equador e Venezuela, por reformas constitucionais.

[71] Vejam-se Martuscelli (2018), Medina (2016) e Machado e Zibechi (2016).

[72] Às clássicas modalidades de autonomia relativa do Estado em condições normais (própria da burocracia política racional) ou em condições de crise política

diferentes fórmulas, a depender do país, para acomodar os conflitos e as contradições de classe – afinal, não devemos perder de vista que as bases materiais desses novos governos e de suas burocracias dependiam da acumulação capitalista nos respectivos países, sob a hegemonia do capital financeiro, ainda que, em sentido estrito, não possamos tratar do capital financeiro como um bloco homogêneo.

Assim, sem desfazer as principais diretrizes de política econômica dos governos neoliberais (comprometendo-se, de fato, a formulação de medidas mais profundas a respeito de mudanças estruturais), os governos populares e progressistas afirmaram, ainda que sob diversas formas e graus, a necessidade de implementação de agendas nacionais e sociais de desenvolvimento, em diálogo com as camadas populares da sociedade.[73] Entretanto, após a crise econômico-financeira mundial de 2008 e do encerramento do ciclo das *commodities*, essa mudança na correlação de forças sociais expressa pela "onda rosa" cedeu, segundo Osorio (2020), perante uma "guerra de desgaste" por parte dos setores dominantes, que explorou as próprias contradições desses governos e pelo esgotamento do seu modelo político-econômico de sustentação.[74] Tal guerra de desgaste culminou num quadro político marcado por fatos como a destituição dos mandatários de Honduras (2009), Paraguai (2012), Brasil (2016) e Bolívia (2019), a crise na Venezuela, e as vitórias eleitorais: de Macri, na Argentina (2015); de Moreno, no Equador (2017); de Piñera,

---

(o bonapartismo), vistas no primeiro capítulo deste livro, Tapia (2009) irá acrescentar, à luz dos acontecimentos da conjuntura progressista em questão, a modalidade de autonomia relativa do Estado decorrente da ascensão de partidos de trabalhadores e forças políticas de esquerda ao governo. Sobre a questão da autonomia do Estado, no período em tela, em casos como os de Argentina, Bolívia, Brasil, Equador, México e Uruguai, vejam-se, respectivamente, Thwaites Rey e Orovitz Sanmartino (2018), Tapia (2009), Ianoni (2013), Boito Júnior e Saad-Filho (2016), Souza (2019), Ramírez Gallegos (2016), Oliver (2009) e Castro e Santos (2018).

[73] Veja-se Domínguez (2014).
[74] Veja, também, Domínguez (2018).

no Chile (2018); de Bolsonaro, no Brasil (2018); e de Lacalle Pou (2020), no Uruguai. Assim, da mão do chamado "Estado policial democrático",[75] o ideário neoliberal retomou vigor, principalmente no que diz respeito à necessidade de novas medidas de ajuste e de reformas estruturais liberalizantes, cujo resultado traduziu-se em maior abertura econômica e financeira (com a consequente vulnerabilidade externa), maior concentração de renda, aumento da pobreza, desemprego, precarização do trabalho e dos serviços públicos básicos etc.

Com a configuração desse novo quadro buscou-se impedir, segundo Osorio (2020), a repetição de experiências como a dos governos populares e progressistas, assim como perseguiu-se, também, o logro de outras metas e objetivos para avançar com os projetos do grande capital local e transnacional, orientados à consolidação de políticas de ajuste e "austeridade" e ao fortalecimento do campo de ação do grande capital exportador da região, no atual contexto da estratégia global de segmentação produtiva adotada pelas empresas transnacionais, ou "cadeias globais de valor".[76] Em

---

[75] Segundo Zibechi (2019), o Estado policial democrático "é o modo encontrado pelos de cima para sustentar o regime de dominação", que tem no neoliberalismo seu núcleo central. O capitalismo neoliberal necessita "de um Estado repressivo, de caráter policial, mas que deve ser legitimado pelo exercício regular do ato eleitoral". Conforme Zibechi, ainda "este ato não pode pôr em questão nem o Estado policial, nem o regime de acumulação de capital, porque nesse caso os resultados são imediatamente invalidados por antidemocráticos. Em suma, a chamada democracia só merece esse nome quando é funcional à dominação".

[76] Na opinião de Osorio (2017), esse processo de dependência estrutural (marcado, como visto, pela massiva entrada de capital estrangeiro na indústria local desde os anos 1950) tem sido reforçado, no século XXI, com as alianças do grande capital local com o capital externo após a emergência de segmentos e elos produtivos de cadeias globais, com a expansão do capital financeiro pelo conjunto do sistema e com importantes investimentos externos no setor primário. Por sua vez, qualquer análise da conjuntura regional do continente não pode perder de vista o contexto global de disputa hegemônica entre os Estados Unidos e a China. Enquanto os Estados Unidos buscaram reforçar a sua pre-

definitivo, junto à restauração conservadora, ainda que não isenta de resistências,[77] continua a se firmar, na região, o peso do histórico padrão de subdesenvolvimento e de inserção externa subordinada, com múltiplas implicações, em termos estruturais, para as sociedades latino-americanas.

À guisa de conclusão

Tal como ficou retratado ao longo do texto, o Estado na América Latina, como fenômeno que expressa uma correlação de forças e uma materialidade institucional, tem apresentado diversas configurações que remetem à posição periférica do continente na geopolítica mundial, assim como às margens de autodeterminação encontradas, nesse quadro mais amplo de dependência estrutural, por cada formação social. Por sua vez, entendemos que o estudo dessas configurações tem nos permitido evidenciar o caráter sócio-

---

sença na região, após o relativo grau de autonomia que os governos da "onda rosa" alcançaram em sua política externa, se afastando, em diferentes graus, ao atrelamento geopolítico estadunidense, a China tornou-se a principal parceira comercial da região, para onde se exportaram a produção agropecuária e os recursos minerais e energéticos, e vem realizando importantes investimentos em infraestrutura da região, ampliando sua influência no continente.

[77] Contudo, a vitória de López Obrador, no México (2018), de Fernández, na Argentina (2019), e de Arce, na Bolívia (2020), assim como a capacidade de resistência do governo bolivariano na Venezuela, frente às ofensivas políticas e às sanções econômicas impostas pelos Estados Unidos e seus aliados para a mudança de governo, revelaram a complexidade da conjuntura regional. Demonstraram, de alguma forma, a dificuldade que os projetos neoliberais apresentam em se viabilizar eleitoralmente frente às massas populares, e que impede que se dê completamente por encerrado o ciclo de governos populares e progressistas no continente. Da mesma forma, as revoltas e manifestações populares que atingiram Equador, Chile e Colômbia, entre os meses de outubro e dezembro de 2019, e que tiveram em outubro de 2020 como corolário, no caso chileno, o referendo *"Apruebo"* para a convocação de uma Convenção Constitucional, sinalizaram a rejeição popular às políticas neoliberais de "austeridade" e de privatizações e o esgotamento do modelo político-econômico, incapaz de atender às demandas reais da sociedade.

-histórico do Estado – o Estado como construção social e histórica –, nos termos do debate trazido no capítulo anterior.

Com base na periodização aqui apresentada, estamos propondo, como dito na introdução, uma leitura possível das formas assumidas pelo Estado latino-americano, por meio da identificação das alterações no equilíbrio de poder interno, tanto no âmbito das frações da classe dominante quanto no contexto da relação global entre Estado e economia e entre Estado e massas populares. Entendemos que essa leitura, assentada na dialética entre fatores internos e externos, bem como entre processos econômicos, políticos e ideológicos não somente presta contribuições do ponto de vista da análise científica, mas também do diagnóstico político. É, assim, com base em interpretações como a aqui proposta que se pode pensar o Estado capitalista na região nos dias de hoje, com suas funções e materialidade de aparelhos, assim como as contradições e ambiguidades próprias das relações de dominação da qual esse Estado é expressão.

CONSIDERAÇÕES FINAIS

Discutir conceitos que geralmente são tidos como dados é sempre um desafio. Esperamos, com este livro, contribuir, de modo geral, para a problematização da concepção de Estado neutro, tão disseminada nas ciências sociais do presente, bem como para a discussão das especificidades do Estado moderno capitalista na América Latina e da análise desse Estado para além das categorias ou tipos puros das formulações teóricas tradicionais, à luz das reflexões da intelectualidade latino-americana de uma época específica. Em função desse último aspecto, esperamos colaborar, também, para a reconstrução de um olhar latino-americano sobre o fenômeno estatal e suas formas históricas no continente, a partir do mapeamento de autores do nosso pensamento social cujas reflexões, em função das mudanças impostas pelo pensamento hegemônico, foram julgadas ultrapassadas ou que, muitas vezes, simplesmente, caíram no esquecimento.

A América Latina como recorte não comparece aqui apenas como um critério de delimitação da pesquisa, mas antes subjaz como um posicionamento intelectual que busca revalorizar tal categoria complexa, bem como os estudos que dela se utilizam. Tal recorte, que em essência remete ao período áureo do desenvolvimento crítico das ciências sociais latino-americanas, mostra-se, também, como um elemento que busca desafiar aquelas posturas que entendem que a região deve apenas consumir o conhecimento produzido fora, principalmente o advindo dos centros hegemônicos de poder, em detrimento de todo e qualquer esforço autóctone de reflexão própria sobre nós mesmos. Não se trata, evidentemente, de não importar conhecimento, mas de fazê-lo de forma crítica e à luz das elaborações do pensamento da nossa região, que em muito tem a contribuir para que as ciências sociais latino-americanas do presente, preocupadas pelas problemáticas que perpassam as sociedades latino-americanas, se expressem pela sua própria voz.

Por fim, a partir deste estudo, esperamos oportunizar ao leitor a formulação de mais problemas do que soluções, de mais perguntas do que respostas. Entendemos este livro como um ponto de partida para futuras pesquisas, ou mesmo para práticas políticas transformadoras, ao chamar a atenção para a necessidade de se pensar o Estado latino-americano não apenas do ponto de vista abstrato, mas inserido nas relações sociais e históricas do continente, e perante, hoje, inclusive, a novas e desafiantes formas de dependência no contexto do capitalismo neoliberal. Por sua vez, concebemos a recuperação bibliográfica de autores da nossa região por nós realizada como valiosa não apenas como instrumento de memória intelectual, mas como forma de inspiração para novas pesquisas ou, inclusive, de resgate de interpretações e debates, plenamente vigentes, a serem retomados na atualidade.

REFERÊNCIAS

AGUIRRE, Manuel Agustín. *La transformación social y revolucionaria de América Latina*. Quito: Universidad Andina Simón Bolívar; Ediciones La Tierra, 2018.

ALTHUSSER, Louis. *Sobre a reprodução*. Petrópolis: Vozes, 2008.

ALVAREZ BEJAR, Alejandro R. El Estado en el pensamiento de la CEPAL. *Investigación Económica*, México, v. 35, n. 138, p. 305-322, 1976.

ANDERSON, Perry. *Considerações sobre o marxismo ocidental*. Nas trilhas do materialismo histórico. São Paulo: Boitempo, 2019.

ARIAS MEJÍA, Juan Camilo. Más allá de una teoría general del Estado capitalista: "el pensamiento fuerte" de América Latina y los desafíos del capitalismo global. *Revista Debates*, Porto Alegre, v. 13, n. 1, p. 78-105, 2019.

ARIAS MEJÍA, Juan Camilo. Marx y la crítica materialista al concepto del Estado en Hegel. *Observatório do Estado Latino-Americano*, 13 ago. 2018. Disponível em: https://www.ufrgs.br/odela/2018/08/13/marx-y-la-critica-materialista-al-concepto-del-estado--en-hegel/. Acesso em: 5 jul. 2020.

ARIAS MEJÍA, Juan Camilo; GRANATO, Leonardo (ed.) *La cuestión del Estado en el pensamiento social crítico latinoamericano*. Medellín: Ediciones UNAULA, 2021.

ARICÓ, José. *La cola del diablo*. Itinerario de Gramsci en América Latina. Buenos Aires: Pontosur, 1988.

ARICÓ, José. La hipótesis de Justo. Escritos sobre el socialismo en América Latina. *In*: CORTÉS, Martín (ed.) *José Aricó*: dilemas del marxismo en América Latina: antología esencial. Buenos Aires: CLACSO, 2017, p. 327-504.

ARICÓ, José. *Marx e a América Latina*. Rio de Janeiro: Paz e Terra, 1982.

ARMAS, Ramón de. La burguesía latinoamericana: aspectos de su evolución. *Pensamiento Crítico*, La Habana, [s./v.], n. 36, p. 57-78, 1970.

BAGÚ, Sergio. *Economía de la sociedad colonial*: Ensayo de historia comparada de América Latina. Buenos Aires: El Ateneo, 1949.

BAGÚ, Sergio. Comentario. *In*: BENÍTEZ ZENTENO, Raúl (coord.) *Clases sociales y crisis política en América Latina (Seminario de Oaxaca)*. México: Siglo Veintiuno, 1977, p. 315-327.

BAMBIRRA, Vânia. *O capitalismo dependente latino-americano*. Florianópolis: Insular, 2013.

BARROW, Clyde W. *Critical theories of the State*: marxist, neo-marxist, post-marxist. Wisconsin; London: The University Wisconsin Press, 1993.

BENÍTEZ ZENTENO, Raúl (coord.) *As classes sociais na América Latina*: problemas de conceituação (Seminário de Mérida, Yucatán, México). Rio de Janeiro: Paz e Terra, 1977a.

BENÍTEZ ZENTENO, Raúl (coord.) *Clases sociales y crisis política en América Latina (Seminario de Oaxaca)*. México: Siglo Veintiuno, 1977b.

BIANCHI, Álvaro. O conceito de Estado em Max Weber. *Lua Nova*, São Paulo, [s./v.], n. 92, p. 79-104, 2014.

BIELSCHOWSKY, Ricardo (org.) *50 anos de pensamento na Cepal*. Rio de Janeiro; São Paulo: Record, 2000.

BICHIR, Maíra M. *A questão do Estado na Teoria Marxista da Dependência*. Tese (Doutorado em Ciência Política), Universidade Estadual de Campinas, Campinas, 2017.

BOBBIO, Norberto; BOVERO, Michelangelo. *Orígenes y fundamentos del poder político*. México: Grijalbo, 1985.

BOITO JÚNIOR, Armando. Bobbio crítico de Poulantzas. *Cadernos Cemarx*, Campinas, [s./v.], n. 12, p. 19-35, 2019.

BOITO JÚNIOR, Armando; SAAD-FILHO, Alfredo (2016). State, state institutions, and political power in Brazil. *Latin American Perspectives*, Riverside, v. 43, n. 2, p. 190-206, 2016.

BOMFIM, Manoel. *A América Latina*: males de origem. Rio de Janeiro: Centro Edelstein de Pesquisas Sociais, 2008.

BORON, Atilio A. *Estado, capitalismo e democracia e América Latina*. Rio de Janeiro: Paz e Terra, 2002.

BRIONES, Álvaro. El neofascismo en América Latina. *Problemas del Desarrollo*, México, v. 6, n. 23, p. 24-30, 1975.

BRUIT, Héctor H. Introdução. *In*: BRUIT, Héctor H. (org.) *Estado e burguesia nacional na América Latina*. Campinas: Ícone; Editora da Unicamp, 1985, p. 9-16.

BUCI-GLUCKSMANN, Christinne. *Gramsci e o Estado*: por uma teoria materialista da filosofia. Rio de Janeiro: Paz e Terra, 1980.

CABALUZ, J. Fabián. La especificidad del Estado en América Latina. Apuntes a partir de la obra de René Zavaleta Mercado. *Izquierdas*, Santiago, [s./v.], n. 38, p. 240-256, 2018.

CARDOSO, Fernando Henrique. *Autoritarismo e democratização*. Rio de Janeiro: Paz e Terra, 1975.

CARDOSO, Fernando Henrique. *Estado y sociedad en América Latina*. Buenos Aires: Nueva Visión, 1972.

CARDOSO, Fernando Henrique. O Estado na América Latina. *In*: PINHEIRO, P. S. (coord.) *O Estado na América Latina*. Rio de Janeiro; São Paulo: Paz e Terra; Cedec, 1977, p. 78-99.

CARDOSO, Fernando Henrique. *As ideias e seu lugar*: Ensaios sobre as teorias do desenvolvimento. Petrópolis: Vozes, 1993.

CARDOSO, Fernando Henrique. Teoria da dependência ou análises concretas de situações de dependência? *Estudos Cebrap*, São Paulo, [s./v.], n. 1, [s./p.], 1971.

CARDOSO, Fernando Henrique. *Ideologías de la burguesía industrial en sociedades dependientes (Argentina y Brasil)*. México: Siglo Veintiuno, 1976.

CARDOSO, Fernando Henrique; FALETTO, Enzo. *Dependência e Desenvolvimento na América Latina*: Ensaio de interpretação sociológica. Rio de Janeiro: Zahar, 1973.

CARDOSO, Fernando Henrique; FALETTO, Enzo. Post Scriptum a "Dependencia y desarrollo en América Latina". *Desarrollo Económico*, Buenos Aires, v. 17, n. 66, p. 273-299, 1977.

CARNOY, Martin. *The State and political theory*. Princeton: Princeton University Press, 1984.

CASTRO, Diego; SANTOS, Carlos. Rasgos de la lógica estatal en la hegemonía progresista uruguaya. *In*: OUVIÑA, H.; THWAITES REY, M. (comp.) *Estados en disputa*: Auge y fractura del ciclo de impugnación al neoliberalismo en América Latina. Buenos Aires: Clacso; El Colectivo, 2018, p. 121-139.

CASTRO ESCUDERO, Teresa. Contribución para el estudio del Estado: el debate sobre fascismo y militarismo en América Latina. *In*: MARINI, R. M.; MILLÁN, M. (coord.) *La Teoría Social Latinoamericana*. México: Ediciones El Caballito/Unam, 1995, p. 125-150. v. 3.

CASTRO ESCUDERO, Teresa; OLIVER, Lucio (coord.) *Estado y Política en América Latina*. México: Siglo Veintiuno, 2005.

COUTINHO, Carlos Nelson. *Gramsci's political thought*. Leiden; Boston: Brill, 2012.

COUTINHO, Carlos Nelson; NOGUEIRA, Marco Aurélio (org.) *Gramsci e a América Latina*. Rio de Janeiro: Paz e Terra, 1988.

CÓRDOVA, Arnaldo. Los orígenes del Estado en América Latina. *Cuadernos Políticos*, México, [s./v.], n. 14, p. 23-43, 1977.

CORTÉS, Martín. El Leviatán criollo: Elementos para el análisis de la especificidad del Estado en América Latina. *In*: THWAITES REY, M. (ed.) *El Estado en América Latina*: Continuidades y rupturas. Santiago: Clacso; Arcis, 2012, p. 93-116.

CORTÉS, Martín; TZEIMAN, Andrés. Discutir el Estado. Dilemas estratégicos a la luz de los procesos políticos latinoamericanos. *Revista Theomai*, Buenos Aires, [s./v.], n. 35, p. 202-219, 2017.

CUEVA, Agustín. *La teoría marxista*: categorías de base y problemas actuales. Quito: Planeta, 1987.

CUEVA, Agustín. El análisis "posmarxista" del Estado latinoamericano. *In*: MOREANO, Alejandro (comp.) *Entre la ira y la esperanza y otros ensayos de crítica latinoamericana*/Agustín Cueva. Bogotá: Clacso y Siglo del Hombre Editores, 2008, p. 201-222.

CUEVA, Agustín. El desarrollo del capitalismo en América Latina y la cuestión del Estado. *Problemas del Desarrollo*, México, v. 11, n. 42, p. 29-42, 1980.

CUEVA, Agustín. El Estado latinoamericano en la crisis del capitalismo. *Investigación Económica*, México, v. 40, n. 157, p. 257-271, 1981.

CUEVA, Agustín. El Estado latinoamericano y las raíces estructurales del autoritarismo. *In*: TINAJERO, Fernando (comp.) *Agustín Cueva*. Ensayos sociológicos y políticos. Quito: Ministerio de Coordinación de la Política y Gobiernos Autónomos Descentralizados, 2012, p. 143-156.

CUEVA, Agustín. *O desenvolvimento do capitalismo na América Latina*. São Paulo: Global, 1983.

DE RIZ, Liliana. Algunos problemas teórico-metodológicos en el análisis sociológico y político de América Latina. *Revista Mexicana de Sociología*, México, v. 39, n. 1, p. 157-171, 1977a.

DE RIZ, Liliana. Formas de Estado y desarrollo del capitalismo en América Latina. *Revista Mexicana de Sociología*, México, v. 39, n. 2, p. 427-441, 1977b.

DE RIZ, Liliana. La transformación del Estado: Bosquejo de una línea de investigación de las sociedades latinoamericanas. *Revista Mexicana de Sociología*, México, v. 42, n. 1, p. 441-453, 1980.

DOMÍNGUEZ, Francisco. Perspectivas de reforma y revolución en América Latina. *Revista de Políticas Públicas*, Maranhão, v. 22, Número Especial, p. 49-86, 2018.

DOMÍNGUEZ, Francisco. La nueva América Latina: logros, potencialidades, complejidades y desafíos. *Revista de Políticas Públicas*, Maranhão, v. 18, Número Especial, p. 103-113, 2014.

DUHALDE, Eduardo Luis. *El estado terrorista argentino*. Buenos Aires: El Caballito, 1983.

DUMÉNIL, Gérard. Neoliberalismo e dominação de classe: uma análise marxista do capitalismo contemporâneo. Entrevista a Gérard Duménil. [Entrevista concedida a Paula Marcelino e Henrique Amorim]. *Lutas Sociais*, São Paulo, [s./v.], n. 17/18, p. 184-196, 2007.

DURAND PONTE, Víctor Manuel. Experiencias y perspectivas de la Comisión de Estudios sobre la Dependencia. *Latin American Research Review*, Riverside, v. 12, n. 2, p. 154-160, 1977.

DUVOISIN, Lauro; GRANATO, Leonardo. O conceito de hegemonia em Poulantzas: uma discussão à luz da tradição gramsciana. *In*: XAVIER, L. O.; DOMÍNGUEZ ÁVILA, C. F.; FONSECA, V. (org.). *A qualidade da democracia no Brasil*: questões teóricas e metodológicas da pesquisa. Curitiba: CRV, 2020, p. 267-282. v. 5.

DUVOISIN, Lauro A. A.; RANINCHESKI, Sonia M. O conceito de Estado em René Zavaleta e a influência de Antonio Gramsci. *Revista Debates*, Porto Alegre, v. 13, n. 1, p. 106-125, 2019.

ENGELS, Friedrich. *A origem da família, da propriedade privada e do Estado*. Rio de Janeiro: Civilização Brasileira, 1974.

ENGELS, Friedrich. *Do socialismo utópico ao socialismo científico*. São Paulo: Global Editora, 1984.

EVERS, Tilman. *El Estado en la periferia capitalista*. México: Siglo Veintiuno, 1989.

FALETTO, Enzo. La especificidad del Estado en América Latina. *Revista de la Cepal*, Santiago, [s./v.], n. 38, p. 69-88, 1989.

FERNANDES, Florestan. *Capitalismo dependente e classes sociais na América Latina*. Rio de Janeiro: Zahar, 1973.

FERNANDES, Florestan. Repensando "A Revolução Burguesa no Brasil". *In*: FERNANDES, F. *Brasil*: em compasso de espera. Pequenos escritos políticos. São Paulo: Hucitec, 1980, p. 61-68.

FERRER, Aldo. *Hechos y ficciones de la globalización*: Argentina y el Mercosur en el sistema internacional. Buenos Aires: Fondo de Cultura Económica, 2006.

FIORI, José Luís. Estado e desenvolvimento na América Latina. *Revista de Economia Contemporânea*, Rio de Janeiro, v. 24, n. 1, p. 1-23, 2020.

FIORI, José Luís. A globalização e a novíssima dependência. In: FIORI, J. L. Em busca do dissenso perdido: Ensaios críticos sobre a festejada crise do Estado. Rio de Janeiro: Insight, 1995, p. 215-230.

FIORI, José Luís. Para uma crítica da teoria latino-americana do Estado (I). *Síntese Nova Fase*, Belo Horizonte, v. 17, n. 50, p. 55-72, 1990a.

FIORI, José Luís. Para uma crítica da teoria latino-americana do Estado (II). *Síntese Nova Fase*, Belo Horizonte, v. 17, n. 51, p. 79-103, 1990b.

FURTADO, Celso. *Formação econômica da América Latina*. Rio de Janeiro: Lia, 1970.

FURTADO, Celso. *Hegemonia dos Estados Unidos e o subdesenvolvimento da América Latina*. Rio de Janeiro: Civilização Brasileira, 1978.

GARCÍA, Antonio. *Atraso y dependencia en América Latina*. Hacia una teoría latinoamericana del desarrollo. Buenos Aires: El Ateneo, 1972.

GARCÍA LINERA, Álvaro. La construcción del Estado. *In: Documentos para el Debate*. Buenos Aires: IEC-CONADU, 2010.

GARCÍA LINERA, Álvaro. El Estado y la vía democrática al socialismo. *Nueva Sociedad*, Buenos Aires, [s./v.], n. 259, p. 143-161, 2015.

GERMANI, Gino. *Política y sociedad en una época de transición*: de la sociedad tradicional a la sociedad de masas. Buenos Aires: Paidós, 1966.

GOLD, David A.; LO, Clarence Y. H.; WRIGHT, Erick O. Recent developments in marxist theories of the capitalist State. *Monthly Review*, New York, [s./v.], n. 1, p. 29-41, 1975a.

GOLD, David A. Recent developments in marxist theories of the capitalist State (Part 2). *Monthly Review*, New York, [s./v.], n. 2, p. 36-51, 1975b.

GÓMEZ, Rodolfo. Las teorías del Estado en el capitalismo latinoamericano. *Crítica y Emancipación*, Buenos Aires, [s./v.], n. 7, p. 85-105, 2012.

GONZÁLEZ CASANOVA, Pablo. Introducción. *In*: GONZÁLEZ CASANOVA, P. (coord.) *El Estado en América Latina*: Teoría y Práctica. México: Universidad de las Naciones Unidas; Siglo Veintiuno, 1990, p. 13-18.

GORENDER, Jacob. Coerção e consenso na política. *Estudos Avançados*, São Paulo, v. 2, n. 3, p. 52-66, 1988.

GORENDER, Jacob. O conceito de modo de produção e a pesquisa histórica. *In*: LAPA, José Roberto do Amaral (org.) *Modos de produção e realidade brasileira*. Petrópolis: Vozes, 1980, p. 43-65.

GRACIARENA, Jorge. *El Estado latinoamericano en perspectiva*. Figuras, crisis, prospectiva. Buenos Aires: Eudeba, 2004.

GRACIARENA, Jorge. Estado periférico y economía capitalista: transiciones y crisis. *In*: GONZÁLEZ CASANOVA, P. (coord.) *El Estado en América Latina*: Teoría y Práctica. México: Universidad de las Naciones Unidas; Siglo Veintiuno, 1990, p. 40-69.

GONZÁLEZ CASANOVA, P. *Poder y clases sociales en el desarrollo de América Latina*. Buenos Aires: Paidós, 1967.

GRAMSCI, Antônio. *Cadernos do cárcere*. Rio de Janeiro: Civilização Brasileira, 2007. v. 3.

GRANATO, Leonardo. Recuperando el debate sobre las condiciones constitutivas del Estado en las sociedades periféricas latinoamericanas. *In*: ARIAS MEJÍA, Juan Camilo; GRANATO, Leonardo (ed.). *La cuestión del Estado en el pensamiento social crítico latinoamericano*. Medellín: Ediciones UNAULA, 2021, p. 281-322.

GRANATO, Leonardo. El debate sobre el Estado en América Latina. *Observatório do Estado Latino-Americano*, 13 set. 2018. Disponível em: https://www.ufrgs.br/odela/2018/09/13/el-debate-sobre-el-estado-en-america-latina/. Acesso em: 5 jul. 2020.

GRUPPI, Luciano. *Tudo começou com Maquiavel*: as concepções de Estado em Marx, Engels, Lênin e Gramsci. São Paulo: L&PM, 1987.

GUERRERO, Omar. *La administración pública del Estado capitalista*. México: INAP, 1980.

GUERRERO, Omar. *El Estado en la era de la modernización*. México: Plaza y Valdés, 1992.

HALPERIN DONGHI, Tulio. *Historia contemporánea de América Latina*. Madrid: Alianza, 2005.

HARNECKER, Marta. *Los conceptos elementales del materialismo histórico*. México: Siglo Veintiuno, 1974.

HARVEY, David. *O neoliberalismo*: história e implicações. São Paulo: Edições Loyola, 2011.

HAMILTON, Nora. State autonomy and dependent capitalism in Latin America. *British Journal of Sociology*, London, v. 32, n. 3, p. 305-329, 1981.

HEGEL, Georg Wilhelm Friedrich. *Princípios da filosofia do direito*. São Paulo: Martins Fontes, 1997.

HILLEKAMPS, Carl H. *Transición de Estados a naciones en Latinoamérica*. Buenos Aires: Pleamar, 1965.

HOBBES, Thomas. *Leviatã*: ou Matéria, forma e poder de um Estado eclesiástico e civil. São Paulo: Martin Claret, 2012.

HOLLOWAY, John. *Fundamentos teóricos para una crítica marxista de la Administración Pública*. México: Inap, 1982.

IANONI, Marcus. Autonomia do Estado e desenvolvimento no capitalismo democrático. *Revista de Economia Política*, São Paulo, v. 33, n. 4, p. 577-598, 2013.

IANNI, Octavio. *A formação do Estado populista na América Latina*. Rio de Janeiro: Civilização Brasileira, 1975.

IANNI, Octavio. A questão nacional na América Latina. *Estudos Avançados*, São Paulo, v. 2, n. 1, p. 6-40, 1988.

IANNI, Octavio. *Sociologia da sociologia latino-americana*. Rio de Janeiro: Civilização Brasileira, 1971.

IANNI, Octavio. El Estado y la cuestión nacional. *In*: GONZÁLEZ CASANOVA, P. (coord.) *El Estado en América Latina*: Teoría y Práctica. México: Universidad de las Naciones Unidas; Siglo Veintiuno, 1990, p. 25-39.

ÍPOLA, Emilio de. La presencia de Poulantzas en América Latina. *Controversia*, Buenos Aires, [s./v.], n. 6, p. 24-26, 1980.

JAGUARIBE, Helio. Dependencia y autonomía en América Latina. *In*: JAGUARIBE, H.; FERRER, A.; WIONCZEK, M. S.; SANTOS, T. dos. *La dependencia político--económica de América Latina*. Buenos Aires: Siglo Veintiuno, 1973, p. 1-85.

JESSOP, Bob. *Nicos Poulantzas*: Marxist theory and political strategy. London: Macmillan, 1985.

JESSOP, Bob. *State theory*: Putting the capitalist State in its place. Cambridge: Polity Press, 1990.

KAPLAN, Marcos. *Aspectos del Estado en América Latina*. México: Universidad Nacional Autónoma de México, 1981.

KAPLAN, Marcos. Desarrollo socio-económico y estructuras estatales en América Latina. In: KAPLAN, M. *Problemas del desarrollo y de la integración en América Latina*. Caracas: Monte Ávila Editores, 1968a, p. 21-64.

KAPLAN, Marcos. Estado, dependencia externa y desarrollo en América Latina (Notas para un esquema analítico). *Estudios Internacionales*, Santiago, [s./v.], n. 2, p. 179-213, 1968b.

KAPLAN, Marcos. *El Estado latinoamericano*. México: Universidad Nacional Autónoma de México, 1996.

KAPLAN, Marcos. El Estado y la teoría política y constitucional en América Latina. *In*: GONZÁLEZ CASANOVA, P. (coord.) *El Estado en América Latina*: Teoría y Práctica. México: Universidad de las Naciones Unidas; Siglo Veintiuno, 1990, p. 70-107.

KAPLAN, Marcos. El Leviatán criollo: Estatismo y sociedad en la América Latina contemporánea. *Revista Mexicana de Sociología*, México, v. 40, n. 3, p. 795-829, 1978.

KAPLAN, Marcos. *Estado y globalización*. México: Universidad Nacional Autónoma de México, 2008.

KAPLAN, Marcos. *Estado y Sociedad*. México: Universidad Nacional Autónoma de México, 1987.

KAPLAN, Marcos. *Formação do Estado Nacional na América Latina*. Rio de Janeiro: Eldorado, 1974.

KAPLAN, Marcos. La teoría del Estado en la América Latina contemporánea: el caso del marxismo. *El Trimestre Económico*, México, v. L (2), n. 198, p. 677-711, 1983.

KAPLAN, Marcos. *La investigación latinoamericana en ciencias sociales*. México: Consejo Latinoamericano de Ciencias Sociales; El Colegio de México, 1973.

LABASTIDA MARTÍN DEL CAMPO, Julio (coord.) *Hegemonías y alternativas políticas en América Latina (Seminario de Morelia)*. México: Siglo Veintiuno, 1985.

LACLAU, Ernesto. Teorías marxistas del Estado: debates y perspectivas. *In*: LECHNER, N. (ed.) *Estado y Política en América Latina*. México: Siglo Veintiuno, 1981, p. 25-59.

LECHNER, Norbert. Acerca del ordenamiento de la vida social por medio del Estado. *Revista Mexicana de Sociología*, México, v. 43, n. 3, p. 1079-1102, 1981a.

LECHNER, Norbert. El concepto de Estado en Marx. *Revista de Ciencias Jurídicas*, San José de Costa Rica, [s./v.], n. 41, p. 217-254, 1980.

LECHNER, Norbert. El Estado en el contexto de la modernidad. *In*: LECHNER, N.; MILLÁN, R.; VALDÉS, F. (coord.) *Reforma del Estado y coordinación social*. México: Plaza y Valdés; UNAM, 1999, p. 39-54.

LECHNER, Norbert. *La crisis del Estado en América Latina*. Caracas: El Cid Editor, 1977.

LECHNER, Norbert. Presentación. *In*: LECHNER, N. (ed.) *Estado y Política en América Latina*. México: Siglo Veintiuno, 1981b, p. 7-24.

LECHNER, Norbert. Tres formas de coordinación social. *Revista de la Cepal*, Santiago, [s./v.], n. 61, p. 7-18, 1997.

LENIN, Vladimir I. *O Estado e a revolução*: o que ensina o marxismo sobre o Estado e o papel do proletariado na revolução. São Paulo: Expressão Popular, 2007.

LENIN, Vladimir I. *O imperialismo*: fase superior do capitalismo. São Paulo: Centauro, 2010.

LOCKE, John. *Segundo tratado sobre o governo civil*. São Paulo: Edipro, 2014.

LÖWY, Michael. *O marxismo na América Latina*: uma antologia de 1909 aos dias atuais. Rio de Janeiro: Fundação Perseu Abramo, 2003.

LUJANO, Cynthia. Repensando la categoría de Estado en América Latina: recuperación del pensamiento teórico latinoamericano. *Comentario Internacional*, Quito, [s./v.], n. 8, p. 120-132, 2007.

MACHADO, Décio; ZIBECHI, Raúl. *Cambiar el mundo desde arriba*: Los límites del progresismo. La Paz: CEDLA, 2016.

MAIRA, Luis. El Estado de seguridad nacional en América Latina. *In*: GONZÁLEZ CASANOVA, P. (coord.) *El Estado en América Latina*: Teoría y Práctica. México: Universidad de las Naciones Unidas; Siglo Veintiuno, 1990, p. 109-130.

MAQUIAVEL, Nicolau. *O Príncipe*. Porto Alegre: L&PM, 2010.

MARINI, Ruy Mauro. *Subdesenvolvimento e revolução*. Florianópolis: Insular, 2017.

MARINI, Ruy Mauro. La crisis del desarrollismo. *In*: MARINI, R. M.; MILLÁN, M. (coord.) *La Teoría Social Latinoamericana*. México: Ediciones El Caballito; UNAM, 1999, p. 135-154. v. 2.

MARTUSCELLI, Danilo E. Burguesia interna e capitalismo dependente: uma reflexão a partir dos casos argentino e brasileiro. *Crítica Marxista*, São Paulo, [s./v.], n. 47, p. 55-74, 2018.

MARX, Karl. Glosas críticas marginais ao artigo "O rei da Prússia e a reforma social". De um prussiano. *Germinal*, Salvador, vol. 3, n. 1, p. 142-155, 2011a.

MARX, Karl. *A guerra civil na França*. São Paulo: Boitempo, 2011b.

MARX, Karl. *As lutas de classes na França de 1848 a 1850*. São Paulo: Boitempo, 2012a.

MARX, Karl. *O 18 de brumário de Luís Bonaparte*. São Paulo: Boitempo, 2012b.

MARX, Karl. *Contribuição à crítica da economia política*. São Paulo: Expressão Popular, 2008.

MARX, Karl. *Contribuição à crítica do Direito de Hegel*. Introdução. São Paulo: Expressão Popular, 2010.

MARX, Karl. *Para a questão judaica*. São Paulo: Expressão Popular, 2009.

MARX, Karl.; ENGELS, Friedrich. *Manifesto do Partido Comunista*. Porto Alegre: L&PM, 2010.

MARX, Karl.; ENGELS, Friedrich. *Materiales para la historia de América Latina*. Córdoba: Ediciones Pasado y Presente, 1972.

MARX, Karl; ENGELS, Friedrich. *A ideologia alemã*. São Paulo: Expressão Popular, 2009.

MATHIAS, Gilberto; SALAMA, Pierre. *O Estado superdesenvolvido*: das Metrópoles ao Terceiro Mundo. São Paulo: Brasiliense, 1983.

MASCARO, Alysson Leandro. *Estado e forma política*. São Paulo: Boitempo, 2013.

MEDEIROS, Leonardo B.; GRANATO, Leonardo. Notas para uma compreensão ampliada do conceito de ideologia dominante. *Princípios*, São Paulo, v. 40, n. 161, p. 114-139, 2021.

MEDEIROS, Leonardo B.; GRANATO, Leonardo. Estado e democracia na América Latina: ensaio teórico-crítico. *In*: XAVIER, L. O.; DOMÍNGUEZ ÁVILA, C. F.; FONSECA, V. (org.). *A qualidade da democracia no Brasil*: Questões teóricas e metodológicas da pesquisa. Curitiba: CRV, 2019, p. 77-90. v. 3.

MEDEIROS, Leonardo B.; GRANATO, Leonardo. O Estado e seu fundamento na luta de classes: uma contribuição para os estudos sobre a qualidade da democracia na América Latina. *In*: XAVIER, L. O.; DOMÍNGUEZ ÁVILA, C. F.; FONSECA, V. (org.). *A qualidade da democracia no Brasil*: Questões teóricas e metodológicas da pesquisa. Curitiba: CRV, 2018, p. 375-389. v. 2.

MEDINA, Víctor Damián. El Estado capitalista en América Latina, ¿potencial factor de cambio o mero instrumento de dominación? *Izquierdas*, Santiago, [s./v.], n. 31, p. 219-234, 2016.

MICHELENA, José Agustín Silva. *Crise no sistema mundial*: política e blocos de poder. Rio de Janeiro: Paz e Terra, 1977.

MILIBAND, Ralph. *O Estado na sociedade capitalista*. Rio de Janeiro: Zahar, 1972.

MORAGA, Enrique Gomariz. *O Estado nas sociedades dependentes*: o caso da América Latina. Lisboa; São Paulo: Presença; Martins Fontes, 1977.

MOTTA, Luiz Eduardo. Nicos Poulantzas: para além do conceito de Estado moderno. *Quaestio Iuris*, Rio de Janeiro, v. 7, n. 2, p. 406-417, 2014.

NUN, José. *Marginalidad y exclusión social*. México: Fondo de Cultura Económica, 2001.

O'DONNELL, Guillermo. Acerca del Estado, la democratización y algunos problemas conceptuales: una perspectiva latinoamericana con referencias a países poscomunistas. *Desarrollo Económico*, Buenos Aires, v. 33, n. 130, p. 163-184, 1993.

O'DONNELL, Guillermo. Acerca del Grupo de Trabajo sobre el Estado. *Latin American Research Review*, Riverside, v. 12, n. 2, p. 109-120, 1977a.

O'DONNELL, Guillermo. Reflexiones sobre las tendencias de cambio del Estado Burocrático-Autoritario. *Revista Mexicana de Sociología*, México, v. 39, n. 1, p. 9-59, 1977b.

O'DONNELL, Guillermo. Apuntes para una teoría del Estado. *Revista Mexicana de Sociología*, México, v. 40, n. 4, p. 1157-1199, 1978.

O'DONNELL, Guillermo. Notas para el estudio de la burguesía local, con especial referencia a sus vinculaciones con el capital transnacional y el aparato estatal. *In*: O'DONNELL, G. *Catacumbas*. Buenos Aires: Prometeo, 2008, p. 151-186.

O'DONNELL, Guillermo; LINCK, Delfina. *Dependencia y Autonomía*. Formas de dependencia y estrategia de liberación. Buenos Aires: Amorrortu, 1973.

OLIVEIRA, Francisco de. *Crítica à razão dualista*: O ornitorrinco. São Paulo: Boitempo, 2003.

OLIVER, Lucio. La reforma del Estado en América Latina: una aproximación crítica. *Estudios Latinoamericanos*, México, [s./v.], n. 2, p. 3-29, 1994.

OLIVER, Lucio. O Estado latino-americano perante a mundialização do capital. *Revista de Ciências Sociais*, Fortaleza, v. 28, n. 1/2, p. 7-24, 1997.

OLIVER, Lucio. Revisitando al Estado. Las especificidades del Estado en América Latina. *In*: CASTRO ESCUDERO, T.; OLIVER, L. (coord.) *Estado y política en América Latina*. México: Siglo Veintiuno, 2005, p. 50-86.

OLIVER, Lucio. René Zavaleta ante la especificidad latinoamericana del Estado y la política. *In*: IBARGÜEN, M. A.; MÉNDEZ N. R. (coord.) *René Zavaleta Mercado*. Ensayos, testimonios y re-visiones. Buenos Aires: Miño y Dávila Editores, 2006, p. 225-235.

OLIVER, Lucio. *El Estado ampliado en Brasil y México*. Radiografía del poder, las luchas ciudadanas y los movimientos sociales. México: UNAM, 2009.

OLIVER, Lucio. *La ecuación Estado-sociedad civil en América Latina*. Movimientos sociales y hegemonía popular. México: Editorial UNAM; La Biblioteca, 2016.

ORTEGA REYNA, Jaime. La multiplicidad contra el uno: una cartografía de la presencia de Louis Althusser en América Latina y el Caribe. *Estudios de Filosofía Práctica e Historia de las Ideas*, Mendoza, v. 19, [s./n.], p. 1-11, 2017.

OSORIO, Jaime. O Estado de contrainsegurança com coro eleitoral na América Latina. *Observatório do Estado Latino-Americano*, 7 set. 2020. Disponível em: https://www.ufrgs.br/odela/2020/09/07/o-estado-de-contrainseguranca-com-coro-eleitoral-na-america-latina/. Acesso em: 7 set. 2020.

OSORIO, Jaime. Sobre o Estado, o poder político e o Estado dependente. *Temporalis*, Brasília, [s./v.], n. 34, p. 25-51, 2017.

OSORIO, Jaime. *O Estado no centro da mundialização*: a sociedade civil e o tema do poder. São Paulo: Outras Expressões, 2014a.

OSORIO, Jaime. *Estado, reproducción del capital y lucha de clases*. La unidad económico/política del capital. México: UNAM; Instituto de Investigaciones Económicas, 2014b.

OSORIO, Jaime. Actualidad de la reflexión sobre el subdesarrollo y la dependencia: una visión crítica. *In*: MARINI, R. M.; MILLÁN, M. (coord.) *La Teoría Social Latinoamericana*. México: Ediciones El Caballito/Unam, 2000, p. 25-46. v. 4.

OSZLAK, Oscar. The historical formation of the State in Latin America: Some theoretical and methodological guidelines for its study. *Latin American Research Review*, Riverside, v. 16, n. 2, 1981, p. 3-32.

OUVIÑA, Hernán; THWAITES REY, Mabel (comp.) *Estados en disputa*: Auge y fractura del ciclo de impugnación al neoliberalismo en América Latina. Buenos Aires: CLACSO; El Colectivo, 2018.

PERISSINOTTO, Renato; CODATO, Adriano. Marx e seu legado para a teoria contemporânea do Estado capitalista. *Revista Brasileira de Informação Bibliográfica em Ciências Sociais*, São Paulo, [s./v.], n. 70, p. 31-50, 2010.

PIMMER, Stefan. La autonomía relativa en la periferia: reflexiones en torno al Estado en la obra de Nicos Poulantzas, René Zavaleta y Luis Tapia. *De Raíz Diversa*, México, v. 3, n. 6, p. 157-185, 2016.

PLÁ, Alberto J. Introducción. *In*: PLÁ, Alberto J. (comp.) *Estado y sociedad en el pensamiento Norte y Latinoamericano*. Antología conceptual para el análisis comparado. Buenos Aires: Cántaro, 1987, p. 7-18.

PORTANTIERO, Juan Carlos. *Los usos de Gramsci*. Buenos Aires: Editorial Tierra del Sur, 2019.

PORTANTIERO, Juan Carlos. Da crise do país popular à reorganização do país burguês. *In*: MAIRA, L.; SOUZA, H. J. de; ANDRADE, R. de C.; PORTANTIERO, J. C.; BARRAZA, X. *América Latina*: novas estratégias de dominação. São Paulo: Vozes, 1980, p. 115-133.

PORTANTIERO, Juan Carlos. La múltiple transformación del Estado latinoamericano. *Nueva Sociedad*, Buenos Aires, [s./v.], n. 180/181, p. 150-168, 1989.

POULANTZAS, Nicos. *Poder político e classes sociais*. São Paulo: Editora da Unicamp, 2019.

POULANTZAS, Nicos. *O Estado, o poder, o socialismo*. São Paulo: Paz e Terra, 2015.

POULANTZAS, Nicos. Notas de investigación acerca del Estado y la sociedad. *Revista Internacional de Ciencias Sociales*, [s./l.], v. 32, n. 4, p. 657-665, 1980.

PUIG, Juan Carlos. *Doctrinas internacionales y autonomía latinoamericana*. Caracas: Instituto de Altos Estudios de América Latina de la Universidad Simón Bolívar, 1980.

QUIJANO, Aníbal. Dependencia, cambio social y urbanización en Latinoamérica. *Revista Mexicana de Sociología*, v. 30, n. 3, p. 525-570, 1968.

RAMÍREZ GALLEGOS, Franklin. Political Change, State Autonomy, and Post-Neoliberalism in Ecuador, 2007-2012. *Latin American Perspectives*, Riverside, v. 43, n. 1, p. 143-157, 2016.

RIBEIRO, Darcy. *O dilema da América Latina*: estruturas de poder e forças insurgentes. Petrópolis: Vozes, 1983.

RODRÍGUEZ, Atahualpa. Los científicos sociales latinoamericanos como nuevo grupo de intelectuales. *El Trimestre Económico*, México, v. 50, n. 198(2), p. 939-962, 1983.

RODRÍGUEZ ARRIAGADA, Marcelo; STARCENBAUM, Marcelo (comp.) *Lecturas de Althusser en América Latina*. Santiago: Doble Ciencia Editorial, 2017.

ROJAS, Fernando. Estado capitalista y aparato estatal. *In*: LECHNER, N. (ed.) *Estado y Política en América Latina*. México: Siglo Veintiuno, 1981, p. 133-171.

ROUQUIÉ, Alain. *O Estado militar na América Latina*. São Paulo: Alfa-Ômega, 1984.

ROUSSEAU, Jean-Jacques. *Do contrato social*: ou princípios do direito político. São Paulo: Martin Claret, 2007.

RUBINSTEIN, Juan C. Autonomía del Estado y cambio social. *In*: RUBINSTEIN, J. C. (comp.) *El Estado periférico latinoamericano*. Buenos Aires: Eudeba; Tercer Mundo Editores, 1989, p. 59-86.

SAES, Décio. O conceito de Estado burguês. *In*: SAES, D. *Estado e democracia*: Ensaios teóricos. Campinas: Editora da Unicamp, 1998a, p. 15-50.

SAES, Décio. Do Marx de 1843-1844 ao Marx das obras históricas: duas concepções distintas de Estado. *In*: SAES, D. *Estado e democracia*: Ensaios teóricos. Campinas: Editora da Unicamp, 1998b, p. 15-50.

SAES, Décio. A questão da autonomia relativa do Estado em Poulantzas. *Crítica Marxista*, São Paulo, [s./v.], n. 7, p. 46-66, 1998c.

SAES, Décio. *A formação do Estado burguês no Brasil*: 1888-1891. Rio de Janeiro: Paz e Terra, 1985.

SADER, Emir. Estado y hegemonía: la crisis latinoamericana. *In*: MARINI, R. M.; MILLÁN, M. (coord.) La Teoría Social Latinoamericana. México: Ediciones El Caballito; UNAM, 2000, p. 121-129. v. 4.

SALAMA, Pierre. El Estado y sus particularidades en los países emergentes latinoamericanos: un enfoque teórico a partir de la Escuela de la Derivación. *In*: ARTOUS, A.; HAI HAC, T.; SOLÍS GONZÁLEZ, J. L.; SALAMA, P. *Naturaleza y forma del Estado capitalista*: Análisis marxistas contemporáneos. Buenos Aires: Herramienta, 2016, p. 131-158.

SAMPEDRO, Francisco. A teoria da ideologia em Althusser. *In*: NAVES, M. B. (org.) *Presença de Althusser*. Campinas: Unicamp; IFCH, 2010, p. 31-52.

SANTOS, Theotonio dos. *Imperialismo y dependencia*. Caracas: Fundación Biblioteca Ayacucho, 2011.

SANTOS, Theotonio dos. La crisis de la teoría del desarrollo y las relaciones de dependencia en América Latina. *In*: JAGUARIBE, H.; FERRER, A.; WIONCZEK, M. S.; SANTOS, T. dos. *La dependencia político-económica de América Latina*. Buenos Aires: Siglo Veintiuno, 1973, p. 149-187.

SANTOS, Theotonio dos. Socialismo y fascismo en América Latina hoy. *Revista Mexicana de Sociología*, México, v. 39, n. 1, p. 173-190, 1977.

SOLÍS GONZÁLEZ, José Luis. El Estado en el debate latinoamericano sobre el subdesarrollo y la dependencia: un enfoque crítico. *Herramienta*, 6 ago. 2016. Disponível em: https://herramienta.com.ar/articulo.php?id=2575 . Acesso em: 07 set. 2020.

SONNTAG, Heinz R. Hacia una teoría política del capitalismo periférico. Un ensayo. *Problemas del Desarrollo*, México, v. 5, n. 19, 1974, p. 19-56.

SOUZA, Angelita Matos. *Dependência e Governos do PT*. Trabalho apresentado para obtenção do Título de Livre Docência em História Econômica do Brasil, Universidade Estadual Paulista "Júlio de Mesquita Filho", Rio Claro, 2019. 177 p.

SUNKEL, Osvaldo; PAZ, Pedro. *El subdesarrollo latinoamericano y la teoría del desarrollo*. México: Siglo Veintiuno, 1970.

TAPIA, Luis. *La coyuntura de la autonomía relativa del Estado*. La Paz: Muela del Diablo; Comuna; Clacso, 2009.

TAPIA, Luis. El Estado en condiciones de abigarramiento. *In*: GARCÍA LINERA, A.; PRADA, R.; TAPIA, L.; VEGA CAMACHO, O. *El Estado*: Campo de lucha. La Paz: Muela del Diablo; Comuna; Clacso, 2010, p. 97-127.

TARCUS, Horacio. Estudio preliminar. *In*: TARCUS, H. (comp.) *Debates sobre el Estado Capitalista*. Buenos Aires: Imago Mundi, 1991, p. 7-40.

THWAITES REY, Mabel (ed.) *El Estado en América Latina*: Continuidades y rupturas. Santiago: Clacso; Arcis, 2012.

LEONARDO GRANATO

THWAITES REY, Mabel. El Estado en debate: de transiciones y contradicciones. *Crítica y Emancipación*, Buenos Aires, [s./v.], n. 4, p. 9-23, 2010.

THWAITES REY, Mabel. El Estado "ampliado" en el pensamiento gramsciano. *In*: THWAITES REY, M. (comp.) *Estado y marxismo*: un siglo y medio de debates. Buenos Aires: Prometeo, 2007a, p. 129-160.

THWAITES REY, Mabel. Complejidades de una paradójica polémica: estructuralismo *versus* instrumentalismo. *In*: THWAITES REY, M. (comp.) *Estado y marxismo*: un siglo y medio de debates. Buenos Aires: Prometeo, 2007b, p. 215-268.

THWAITES REY, Mabel; CASTILLO, José. Estado, desarrollo y dependencia. Perspectivas latinoamericanas frente a la crisis capitalista global. *História e Perspectivas*, Belo Horizonte, v. 26, n. 48, p. 13-42, 2013.

THWAITES REY, Mabel; OROVITZ SANMARTINO, Jorge. Compromiso neodesarrollista y autonomía estatal. La doble naturaleza del Estado kirchnerista. *In*: VOMMARO, G. (comp.) *Estado, democracia y derechos en Argentina*: controversias en torno a los años kirchneristas. Los Polvorines: UNGS, 2018, p. 55-84.

TORRES RIVAS, Edelberto. Estado y sociedad en Prebisch. *Comercio Exterior*, [s./l.], v. 37, n. 6, p. 457-463, 1987.

TORRES RIVAS, Edelberto. Poder nacional y sociedad dependiente. *Nueva Sociedad*, Buenos Aires, [s./v.], n. 13, p. 46-72, 1974.

TORRES RIVAS, Edelberto. Sobre a formação do Estado na América Central (Hipótese e questões fundamentais para o seu estudo). *In*: PINHEIRO, P. S. (coord.) *O Estado na América Latina*. Rio de Janeiro; São Paulo: Paz e Terra; Cedec, 1977, p. 61-76.

TORRES RIVAS, Edelberto. La Nación: Problemas teóricos e históricos. *In*: LECHNER, N. (ed.) *Estado y política en América Latina*. México: Siglo Veintiuno, 1981, p. 87-132.

TZEIMAN, Andrés. *La fobia al Estado en América Latina*: reflexiones teórico-políticas sobre la dependencia y el desarrollo. Buenos Aires: UBA; Instituto de Investigaciones Gino Germani; CLACSO, 2021.

TZEIMAN, Andrés. Las teorías de la dependencia y la cuestión del Estado en América Latina: reflexiones críticas (y autocríticas) en la bisagra de los años setenta y ochenta. *Revista de la Academia*, [s./l.], vol. 28, [s./n.], pp. 62-84, 2019.

TZEIMAN, Andrés. *Presencias, latencias, ausencias*: Estado y poder político en los debates clásicos sobre la dependencia y el desarrollo de los años sesenta y setenta en América Latina. Tese (Doutorado em Ciências Sociais), Universidade de Buenos Aires, Buenos Aires, 2018.

VASCONI, Tomás A. Dependencia y superestructura. *Pensamiento Crítico*, La Habana, [s./v.], n. 46, p. 194-217, 1970.

VASCONI, Tomás A. *Las ciencias sociales en América del Sur y Chile 1960-1990*. Documento de Trabajo. Santiago: Centro de Investigaciones Sociales/Universidad ARCIS, 1995. Disponível em: http://biblioteca.clacso.org/Chile/di-uarcis/20190628053324/Docw1.pdf. Acesso em: 15 nov. 2020.

VISENTINI, Paulo Gilberto F. *Os dez anos que abalaram o século XX*: a política internacional de 1989 a 1999. Porto Alegre: Novo Século, 1999.

VISENTINI, Paulo Gilberto F.; PEREIRA, Analúcia D.; MARTINS, José M.; RIBEIRO, Luiz D.; GROHMANN, Luís G. *Revoluções e regimes marxistas*: rupturas, experiências e impacto internacional. Porto Alegre: Leitura XXI; NERINT; UFRGS, 2013.

O Estado Latino-Americano

WEBER, Max. *Economia e sociedade*: fundamentos da sociologia compreensiva. Brasília: Editora da UnB; São Paulo: Imprensa Oficial do Estado de São Paulo, 1999.

WEBER, Max. *Ensaios de sociologia*. Rio de Janeiro: Zahar, 1982.

WILLIAMSON, John (ed.). *Latin American Adjustment*: How Much Has Happened? Washington: Institute for International Economics, 1990.

WOLKMER, Antônio Carlos. A propósito da discussão sobre o Estado na América Latina. *Sequência: Estudos Jurídicos e Políticos*, Florianópolis, v. 11, n. 21, p. 63-82, 1990.

ZAVALETA MERCADO, René. El poder dual en América Latina [1973]. *In*: SOUZA CRESPO, Mauricio (ed.) *René Zavaleta Mercado*. Ensayos 1957-1974. La Paz: Plural, 2011a, p. 367-527.

ZAVALETA MERCADO, René. El Estado en América Latina [1983]. *In*: SOUZA CRESPO, Mauricio (ed.) *René Zavaleta Mercado*. Ensayos 1975-1984. La Paz: Plural, 2011b, p. 611-638.

ZAVALETA MERCADO, René. Las luchas antiimperialistas en América Latina [1976]. *In*: SOUZA CRESPO, Mauricio (ed.) *René Zavaleta Mercado*. Ensayos 1975-1984. La Paz: Plural, 2011c, p. 391-412.

ZAVALETA MERCADO, René. Problemas de la determinación dependiente y la forma primordial [1982]. *In*: SOUZA CRESPO, Mauricio (ed.) *René Zavaleta Mercado*. Ensayos 1975-1984. La Paz: Plural, 2011d, p. 549-572.

ZAVALETA MERCADO, René. Lo nacional-popular en Bolivia [1984]. *In*: SOUZA CRESPO, Mauricio (ed.) *René Zavaleta Mercado*. Ensayos 1975-1984. La Paz: Plural, 2011e, p. 143-382.

ZAVALETA MERCADO, René. Notas sobre la cuestión nacional en América Latina [1981]. *In*: SOUZA CRESPO, Mauricio (ed.) *René Zavaleta Mercado*. Ensayos 1975-1984. La Paz: Plural, 2011f, p. 537-548.

ZERMEÑO, Sergio. Las fracturas del Estado en América Latina. *In*: LECHNER, N. (ed.). *Estado y política en América Latina*. México: Siglo Veintiuno, 1981, p. 60-86.

ZIBECHI, Raúl. O Estado policial democrático. *IHU*, 7 dez. 2019. Disponível em: http://www.ihu.unisinos.br/78-noticias/594979-o-estado-policial-democratico-artigo--de-raul-zibechi. Acesso em: 12 nov. 2020.

SOBRE O AUTOR

Leonardo Granato iniciou sua formação acadêmica na Argentina, seu país natal, e doutorou-se em Economia Política Internacional na Universidade Federal do Rio de Janeiro (UFRJ) em 2014. É professor do curso de Administração Pública e Social, do Programa de Pós-Graduação em Ciência Política e do Programa de Pós-Graduação em Políticas Públicas da Universidade Federal do Rio Grande do Sul (UFRGS). É, também, coordenador do Núcleo de Estudos em Política, Estado e Capitalismo na América Latina (Nepec-UFRGS) e integra a equipe coordenadora da Rede de Estudos Críticos sobre o Estado Latino-americano, com sede na Universidade Nacional de Villa Maria (Argentina).

Este livro foi composto com tipografia Adobe Garamond Pro e impresso em papel Bivory 65g e MetsaBoard Prime Fbb Bright 235g na gráfica Paym, para a Editora Expressão Popular, em dezembro de 2021.